La Torche Transcendante

Ou

Torche Brûlante Numéro 8

Rév. Renaut Pierre-Louis

Pour toutes informations regardant nos ouvrages et vos brochures évangéliques, adressez-vous à:

Peniel Southside Baptist Church
P.O. Box 100323
Fort Lauderdale, Fl 33310
Phone: 954-242-8271
954-525-2413
Fax: 954-623-7511
Website :www.penielbaptist.org
Website :www.theburningtorch.net
E-mail:renaut@theburningtorch.net
E-mail :renaut_cyrille@hotmail.com

Copyright © 2015 by Renaut Pierre-Louis
Tous droits réservés @ Rév. Renaut Pierre-Louis

Attention : Il est illégal de reproduire ce livre en tout ou en partie sous quelque forme ou par quelque procédé que ce soit, électronique mécanique, photographique, sonore, magnétique ou autre, sans avoir obtenu, au préalable, l'autorisation écrite de l'auteur.

Les ouvrages dans les trois langues française, anglaise et créole, sont aussi disponibles chez :

Michel Joseph:
192-21 118 Rd   St Albans, N.Y. 11412
Phone: 917-853-6481   718-949-0015

Rév. Julio Brutus:
P.O. Box. 7612   Winter Haven, FL 33883
Phone: 863-299-3314 ; 863-401-8449

Rev. Edouard Georcinvil
725 NE 179th Terr N. Miami Bch, FL 33162
Phone: 305-493-2125

Rév. Evans Jules:
Eglise Baptiste Bethel
5780 W. Atlantic Ave
Delray Beach Fl 33444
561-452-8273   561-266-5957

Iliana Dieujuste
2432 Indian Bluff Dr   Dracula, GA 30019
Phone: 954-773-6572

Tome 8 – SERIE 1
Les Béatitudes

Avant-propos

Les chapitres cinq à huit de l'Evangile selon Mathieu sont considérés comme la Charte[1] du Nouveau Testament. Ils nous introduisent dans les arcanes[2] du mystère où Jésus, le grand Rabbin, était le seul à pouvoir nous initier. Toute une révolution où le juif ne se reconnait pas. Mais pour nous qui vivons de l'autre côté de la barrière, les héritiers de la succession apostolique, notre perception est différente. Ainsi, éclairés par le Saint-Esprit, nous pouvons mieux comprendre le Sermon Sur La Montagne et éventuellement, les Béatitudes. Lecteurs, vous êtes servis !

Rév. Renaut Pierre-Louis

---

[1] Charte nf. Loi, règle fondamentale
[2] Arcane nf. Secrets, Opération mystérieuse dont le secret est connu des seuls initiés.

Leçon 1 Heureux les pauvres en esprit

Versets pour la préparation : Ex.34:29; Job.13:5; Mt.5:1-3; 17:2; Ro.12:3; 1Co.13:3-4; 2Co.12:2-4; 2Ti.2:23; Ti.3:9-11; Hé.12:1; 13:7; Ja.1:22; 1Pi.3:7; 2Pi.3:18
Verset à lire en classe : Mt.5 : 1-5
Verset de mémoire : Heureux les pauvres en esprit, car le royaume des cieux est à eux ! Mt.5 :3
But : Parler de l'avantage qu'on a d'être humble
Méthodes : comparaisons, discussion, questions

Introduction
Faut-il être pauvre ou simple d'esprit pour mériter le bonheur ? S'il en est ainsi qui va accepter ou souhaiter de l'être ? Le salut, est-il méritoire ?

I. Qu'entend-t-on par «pauvre en esprit» ?
  1. Ce qu'il n'est pas
   a. Il n'est pas forcément un démuni, un mendiant, un homme à condition limitée. Il n'est pas forcément un idiot, un crétin, un simple d'esprit.
   b. Ce n'est pas un état purement naturel.
  2. Ce qu'il est
   a. C'est quelqu'un qui a choisi de vivre dans l'humilité et la modestie sans faire prétention d'être au-dessus de personne. Ro.12:3
   b. Il évite de faire triompher ses opinions égoïstes. Au contraire, il permet à un autre de prendre l'avantage sur lui, car il ne cherche pas son intérêt propre, comme dans le cas où Lot voulait l'emporter sur son oncle Abraham. Ge. 11 :27 ; 13: 8; 1Co.13 :3-4
   c. Les expressions telles que «du tact au tac», «telle lettre, telle réponse» n'entrent pas dans son vocabulaire. Job.13:5

II. L'attitude du pauvre en esprit
1. Il croit en la Parole de Dieu sans avancer des arguments dans le but d'embarrasser son interlocuteur. Il obéit sans même comprendre. Ja. 1:22
2. Il accepte les principes de la vie chrétienne et mène une vie de persévérance rectiligne. Hé.12:1
3. Il obéit à son berger dans tout ce qui regarde la foi et avec tout le respect qu'il lui doit. Hé.13:7

III. Les raisons de cette attitude
1. Il sait que les arguments provoquent des discussions, que les discussions peuvent déboucher sur le ressentiment et l'inimitié. 2Ti.2:23
2. Il sait combien de tort l'inimitié peut causer. Le temps de faire des excuses ou de procéder aux réparations en dommage, les blessures peuvent être si profondes que le retour à l'amitié première peut ne jamais être parfaitement rétabli. Ti.3:9-11
3. Entre temps, la froideur s'installe. La paix est troublée. Le Saint Esprit se retire. La chaleur spirituelle est refroidie. Les relations fraternelles sont détériorées. La prière est monotone et l'on devient misérable. 1Pi.3:7b

IV. La récompense du «pauvre en esprit»
1. Il passera inaperçu au milieu de la cohue.[3]
2. Il grandit facilement dans la grâce et la connaissance de Jésus-Christ. 2Pi.3 :18
3. Il donne plus de place au Saint-Esprit dans sa vie et peut aller jusqu'à l'illumination.[4] 2Co.12 :2
   a. Moise était humble. Dieu l'a illuminé. Ex.34 :29
   b. Jésus était humble, Dieu l'a illuminé. Mt.17 :2

---

[3] Cohue nf. Foule tumultueuse, désordre, confusion
[4] Illumination nf. Intelligence des choses spirituelles, Etat d'éveil.

      c. Paul, un homme en qui Christ vit, était illuminé et ravi jusqu'au troisième ciel. 2Co.12 :2-4; Ga.2 :20
4. Le royaume des cieux est aux humbles. Mt.5:3

Conclusion
Prions pour que nous ayons cet esprit de soumission, car le royaume des cieux ne peut être qu'à nous.

Questions

1. Doit-on être sot, démuni, mendiant ou faire vœu de pauvreté pour entrer dans le royaume de Dieu ? Non
2. Que signifie l'expression «pauvre en esprit?»
   Etre humble, modeste
3. Donnez-en trois exemples
   a. Il regarde les autres comme étant au-dessus de lui-même.
   b. Il évite les arguments.
   c. Il est prêt à céder pour éviter des discussions inutiles.
4. Pourquoi adopte-t-il cette attitude ?
   Il veut éviter de faire des ennemis pour rien.
5. Comment justifier la foi de l'homme humble ?
   Il obéit aveuglément à Dieu et à son pasteur.
6. Comment Dieu le récompense-t-il?
   a. Il peut vivre partout.
   b. Il grandit facilement dans la foi.
   c. Il grandit facilement dans la grâce et la connaissance de Jésus-Christ.
   d. Il héritera le royaume de Dieu.
7. Donnez trois exemples de personnes humbles malgré leur degré spirituel :
   Jésus, Moise et Paul. Ils étaient illuminés.

Leçon 2 Heureux les affligés

Verset de préparation: Ps.11:3; Ro.9:3; 11:14; 1Pi.4:15; Mt.5:1-12; 25:34; Ac.4:4; 5:41; Ap.21:4-8
Verset à lire en classe: Mt.5:1-5
Verset de mémoire: Heureux les affligés, car ils seront consolés! Mt.5:1-5
Méthodes: discussion, comparaisons, questions
But : Vous aider à supporter chrétiennement les afflictions.

Introduction
Un état à ne pas rechercher. Et pourtant, si vous connaissiez le don de Dieu, vous sauriez combien il réserve de bénédictions.

I. Définition du terme «affligé»
1. **Ce qu'il n'est pas**
   a. Ce ne sont pas les gens qui souffrent à cause des problèmes de la vie qu'ils ont eux-mêmes créés. 1Pi.4 :15
   b. Ce ne sont pas les gens qui souffrent pour leurs actions malhonnêtes. 1Pi.4 :15
2. **Ce qu'il est.**
   Il a rapport aux chrétiens qui endurent la souffrance à cause du nom de Jésus-Christ. 1Pi.4 :16
3. **Comment s'exprime cette souffrance ?**
   a. Par notre fardeau pour les âmes perdues. Elle s'exprime par notre tristesse de voir les incroyants engloutis dans leur ignorance de l'Evangile ou dans leur incrédulité au moment où la grâce de Dieu coule en abondance. Ro.9:3; 11:14
   b. Par notre angoisse à cause de la corruption qui triomphe dans le monde. Ps.11:3
   c. Par notre désolation de voir les fondements de la morale renversés, quand les gens appellent le mal bien, quand la justice n'est pas rendue à qui elle est due. Ps.11 :3

II. La récompense des affligés

1. Ils seront consolés. Mt.5 :4 Mais en quoi consiste cette consolation ?
   a. Dans le salut de plusieurs, grâce à l'action du Saint-Esprit en eux, même s'ils devaient en payer le prix. Ac.4 :4; 5:41
   b. Dans l'accueil que Christ leur fera en leur disant : « Venez les bénis de mon Père ». Mt. 25 : 34
   c. Dans le privilège qu'ils auront de vivre dans le ciel avec le Seigneur. Christ essuiera toutes larmes de leurs yeux, et la mort ne sera plus ; il n'y aura plus de deuil, ni cri, ni douleur, car les premières choses auront disparu. Ap.21 :4
   d. Dans la constatation du sort de tous les impénitents : les lâches, les incrédules, les abominables les meurtriers, les débauchés, les magiciens, les idolâtres et tous les menteurs. Ceux-là, au contraire, seront jetés dans l'étang ardent de feu et de soufre et seront tourmentés aux siècles des siècles. Ap.21 :8

Conclusion

Heureux les affligés ? Un état à ne pas envier ; mais n'en vaut-il pas la peine ?

Questions

1. De quel genre d'affligés, parle-t-on ici ?
   a. Des personnes attristées à cause des âmes sans Dieu.
   b. Des personnes affligées à cause du débordement de l'immoralité et de l'injustice dans le monde.
   c. Des personnes angoissées à cause d'un manque de connaissance de Dieu dans le pays.
2. Quelle sera leur récompense ?
   a. Dieu sèchera leurs larmes. Ils jouiront des grâces éternelles avec Dieu.
   b. Ils seront avec Jésus
   c. Ils verront les incrédules en enfer.
3. Vrai ou faux
   a. Il faut être affligé pour aller au ciel. __ V __ F
   b. Si on est affligé à cause de Jésus-Christ, on sera consolé. __ V __ F
   c. Après avoir purgé une peine de 20 ans de prison, on est sûr d'aller au ciel. __ V __ F

Leçon 3 Heureux les débonnaires

Verset de préparation: Ge.39:2-3; 41:32-37, 39-44; De.1 7-8; 1S. 9:1-7; 24: 3-12; 26:10-12; 25 1-7; 2S.1: 19-25; 8:1-14; 1R.5:1; Ec.7:21; Ro.1:14-15; 1Co.9:19-23
Verset à lire en classe: Mt.5:1-5
Verset de mémoire: Heureux les débonnaires, car ils hériteront la terre! Mt. 5:5
Méthodes: Discussion, comparaisons, questions
But: Livrer à tous le secret de pouvoir vivre partout.

Introduction
Etre débonnaire, quelle rare qualité! Est-ce une faveur spéciale de Dieu?

I. Les débonnaires, qui sont 'ils?
1. Ce sont des gens d'une bonté extrême. Leur générosité est incomparable. Ils sont sensibles aux besoins de tout le monde et sont prêts à contribuer pour sauver les malheureux. Ces gens-là sont généralement doux, aimables, abordables. Leur dévouement est héroïque. Ils ne sont jamais fatigués de donner ou de servir. Leur conversation est un charme. Leurs réponses calment la colère. Pr.15:1
2. Ils peuvent vivre partout. Ils sont acceptés partout. A les offenser, vous vous sentirez puni.
3. Ils n'ont pas de préjugé de couleur, de race. Ils se font avec tout le monde. 1Co.9:19-23
4. Ils n'ont pas de préjugé de rang. Ils se font avec les intellectuels et les barbares, les autorités et les administrés, les chefs et les subordonnés. Ro.1:14-15
5. Ils ont les mêmes attentions pour tous, les vieux comme les jeunes, les grands comme les petits, les riches comme les pauvres. 1Co.9:23

II. Les débonnaires sont très équilibrés.

Ils savent fermer les yeux pour ne pas voir, se boucher les narines pour ne pas sentir, et les oreilles pour ne pas entendre ; en d'autres termes, ils ne font pas un drame de toutes choses. Ils prennent les hommes par leurs bons côtés et les choses comme elles sont. Ec.7:21

III. Des exemples de débonnaires:

1. **Joseph était débonnaire**: Il gardait l'équilibre par une bonne administration dans la maison de Potiphar, par sa bonté envers les prisonniers du roi, par les bons souhaits pour toute l'Egypte. A la fin, il hérita la couronne d'Egypte. Ge.39:2-3; 41:32-37; 39-44
2. **David était un débonnaire:**
   a. Par deux fois, Il fit grâce à Saul, son ennemi numéro un, quand il avait la possibilité de le tuer. 1S.24: 3-12; 26:10-12
   b. A la mort de celui-ci, il composa un éloge funèbre dans lequel il loua les bonnes qualités de ce roi méchant. 2S.1:19-25
   c. Il alla habiter chez les philistins avec son escorte de 600 soldats. Chez ceux-là qui auraient dû être son ennemi, il trouve asile pendant un an. Il a hérité la terre chez eux! 1S. 27:1-7
   d. Il fouilla dans ses souvenirs pour se rappeler de qui dans la maison de Saul il lui reste à faire du bien. 2S.9:1-7

Sa récompense:
Il a hérité de Dieu:
   a. Le plus grand empire mondial, l'empire davidique. De.1:7-8; 2S.8:1-14
   b. Il ouvre une dynastie dont son fils Salomon fut le premier héritier et Roboam ensuite. Le royaume de Salomon était assorti de relations amicales de son père avec d'autres rois

voisins tel Hiram, le roi de Tyr. David a hérité la terre!
1R.5:1

Conclusion

Dieu nous demande l'impossible, certes. Mais puisqu'il nous a fait à son image avec la capacité de dominer, demandons-lui aussi la force pour dominer nos faiblesses en vue d'aspirer à cette grande vertu.

Questions

1. Que signifie le mot débonnaire?
   Doux, d'une bonté extrême
2. Faut-il être riche pour mériter ce titre?
   Non
3. Comment se comportent-ils?
   Ils se font avec tout le monde
4. Citez deux actes d'un David débonnaire
   a. Il épargna la vie de Saul, son ennemi.
   b. Il fit du bien à ses héritiers
5. Comment était-il récompensé ?
   a. Israël était devenu un grand empire
   b. Son fils Salomon lui succéda au trône
6. Comment peut-on devenir débonnaire?
   En faisant du bien à tous sans distinction.

Leçon 4 Heureux ceux qui ont faim et soif de la justice

Verset de préparation: De.32:35; Mt.5:1-12; 2Pi.3:13
Verset à lire en classe: Mt.5:1-8
Verset de mémoire: Heureux ceux qui ont faim et soif de la justice, car ils seront rassasiés. **Mt.5:6**
But: Encourager les chrétiens à compter sur Dieu pour obtenir la justice.
Méthodes: discussion, comparaisons, questions

Introduction
Au milieu de la jungle[5] humaine, l'un des plus grands besoins de l'homme moderne est celui de la justice. Il cherche à l'avoir par tous les moyens. Mais où trouver la justice dans une société perverse et corrompue ?

I. Définition
Par définition, «la faim et la soif» est une expression pour signifier un désir ardent ou bien la frustration de l'homme face à ses besoins vitaux et indispensables qu'il n'a pu satisfaire à temps. Ainsi en est-il de la justice.
La justice en elle-même est un droit auquel tout homme aspire. C'est l'équité[6] exercée en faveur de tous sans distinction, sans discrimination.
L'homme peut lutter contre quiconque essaie de la lui ravir. De même que la satisfaction de la faim et de la soif est la même pour tous les sexes, pour toutes les couleurs, pour les gens de toute nationalité et de tout âge, ainsi il en est de la justice. Ce droit ne fléchit devant aucune contingence[7]. Tous y ont droit.

---

[5] Jungle. Nf. Ici, milieu où règne la loi du plus fort
[6] Equité nf. Impartialité, Respect des droits de chacun,
[7] Contingence nf. Evénements imprévisibles,

II. **Les domaines dans lesquels l'homme recherche la justice:**
1. **Dans le Droit au travail:**
   Certains sont victimes de la discrimination. On leur refuse un travail à cause de leur race, de leur couleur, de leur sexe.
2. **Dans le droit à la liberté corporelle.**
   Dieu a créé tout homme libre, avec toutes les facultés pour vivre sur la planète. A aucun moment il est dit qu'un peuple ou un individu soit né pour être l'esclave d'un autre. Tout esclave veut briser les chaines des abus, des privations, des restrictions pour devenir libre.
3. **Dans le droit à la liberté d'expression**
   Dieu a accordé le langage comme une faculté universelle. Quand l'expression est bridée par les forces de l'ordre, l'homme veut éclater.

4. **Dans le droit à la liberté de conscience.** On a droit à adorer Dieu selon sa conscience, selon sa culture. Les restrictions dans ce domaine peuvent déboucher sur la rébellion et même occasionner la guerre. Ac.4:19-20
   Le droit à la liberté religieuse est inaliénable[8]. Il est l'expression de l'homme envers un être supérieur auquel il se reconnait attaché ou redevable.
   A tous ceux-là qui sont victimes des restrictions dans ce domaine, Jésus déclare «Heureux ceux qui ont faim et soif de la justice, car ils seront rassasiés.» Mt.5:6
5. Sur cette terre, il est difficile de l'avoir à cause des préjugés, de la méchanceté et des abus aux minorités. On vous refuse un travail si vous n'acceptez pas de travailler le dimanche. On vous avilit à la télévision, on vous jette en prison pour un crime dont un autre est absous. L'un est accueilli fraternellement au port d'entrée qu'il soit de la gauche ou de la droite, tandis qu'un autre est rejeté

---

[8] Inaliénable Adj. Qu'on ne peut négocier, céder, transmettre

honteusement au même port dans un pays démocrate, à la face de Dieu et du monde.
Un jour viendra où il y aura de nouveaux cieux et une nouvelle terre où la justice habitera. 2Pi.3 :13
Elle viendra du grand juge qui avait dit: «A moi la vengeance, à moi la rétribution». De.32 :35 ; Hé.10:30

Conclusion
Jésus a déjà prévu un mieux-être pour vous. Tenez ferme. Il vient.

Questions
1. Citez les droits humains relatés dans cette leçon
   a. Le droit à la liberté du travail
   b. Le droit à la liberté physique
   c. Le droit à la liberté de conscience.
   d. Le droit à la liberté d'expression
2. Qui sont les opprimés.
   Les minorités, les esclaves
3. Qui les défendra?
   Jésus
4. Quand?
   Au jour où il amènera de nouveau cieux et une nouvelle Terre.

Leçon 5 Heureux les miséricordieux

Verset de préparation : Ge. 42:22; Ex.12: 40; 32:13; 2Ch.16:9; Je.13:15-18; 38:7-13; 39:15-18; Mi.6:8; Mt.5:1-12; 7; Lu.10:31-32; Ac. 8:5-13
Verset à lire en classe : Mt.5:1-8
Verset de mémoire : On t'a fait connaître, ô homme, ce qui est bien ; Et ce que l'Éternel demande de toi, c'est que tu pratiques la justice, que tu aimes la miséricorde, et que tu marches humblement avec ton Dieu. Mi.6 :8
But : Encourager les chrétiens à exercer la miséricorde.
Méthodes : discussion, comparaisons, questions

Introduction
Ne jonglez[9] pas avec les termes. Vous parlez de pitié ou de compassion? Allons aux définitions

I. Définition
1. **Qu'est ce que la pitié?** Ge. 37:22, 29
C'est se plaindre du mauvais sort dont le prochain est victime. On s'épuise à faire des commentaires et on en reste là. Ruben a eu pitié de Joseph, mais il n'a pas exercé son droit d'ainesse pour le défendre. En effet, au moment où les autres frères l'avaient jeté dans le puits, Ruben s'était retiré, et il s'accordait avec eux pour mentir à Jacob en alléguant qu'une bête féroce l'avait dévoré.
2. **Qu'est-ce que la compassion ?**
   a. C'est le secours apporté dans l'immédiat au prochain en difficulté.
   b. La miséricorde est l'action qui traduit la compassion envers le prochain. C'est un acte de générosité qui peut

---
[9] Jongler v.i. manier avec une grande habilité

occasionner des dépenses sans espoir de retour. Citons pour exemple l'intervention d'Ebed-Mélec, l'éthiopien auprès du roi Sédécias en faveur de Jérémie. Je.38: 7-13

c. La miséricorde ne vient pas sauver quelqu'un avec des théories, avec des phrases creuses, avec des romans et des danses mais avec une action bien menée parfois au prix de grands sacrifices.

d. Dans la parabole du Bon Samaritain, nous voyons le sacrificateur équipé de doctrines et de lois qui ne pouvaient sauver. Lé.1:1-9; Lu.10:31;

e. Le lévite, à son tour, ne manquait pas de rites et de cérémonies dans la synagogue mais l'urgence du prochain ne peut être résolue avec toutes les combinaisons religieuses. No.8:15; Lu.10:32

f. Le samaritain, un étranger faisait face à la même réalité. Il l'a abordée positivement avec les moyens du bord, savoir : **son** âne, **son** argent de poche et **son** cœur. Ces trois éléments ajoutés à son dévouement, lui ont permis de sauver la victime. Voilà ce qui l'a immortalisé comme le BON SAMARITAIN. Lu.10 : 33-37

II. **Résultat pour Ruben**:
 1. Dieu a puni Ruben et ses frères pour leur lâcheté, car, un beau jour, la faim les a conduits en Egypte où ils eurent la vie sauve grâce à Joseph. A la mort de celui-ci, ils devaient porter son cadavre pendant 500 ans sans pouvoir le jeter pour se rappeler de l'homme qu'ils avaient jeté dans un puits. Ge.42 :22; 50:25; Ex.12:40; 13:19; Jo.14:7; 24:29

 2. **Récompenses pour les autres**:
    a. Ebed-Mélec reçut la protection de Dieu à cause d'un bienfait à Jérémie. Je. 39:15-18
    b. Dieu a racheté les Samaritains par l'Evangile dans la bouche de Philippe. Ac.8:5-13

Si vous exercez la miséricorde envers le prochain, attendez-vous à une grande délivrance de Dieu. Sachez qu'il ne sommeille ni ne dort et ses regards se promènent sur toute la terre pour soutenir ceux-là dont le cœur est tout entier à lui. 2Ch.16 :9

Conclusion
Soyez miséricordieux.

Questions

1. Qu'est ce que la pitié?
   Montrer qu'on est touché du malheur du prochain sans agir en sa faveur.
2. Qu'est ce que la miséricorde?
   C'est être touché du malheur qui frappe le prochain au point de le secourir.
3. Donnez deux exemples de personnes qui ont exercé la pitié.
   Ruben, le lévite
4. Deux exemples de personnes qui ont exercé la miséricorde.
   Ebed-Mélec, le Samaritain
5. Comment furent-ils récompensés ?
   Le roi a béni la maison d'Ebed-Mélec.
   Dieu a sauvé Samarie par l'Evangile
6. Comment furent punis les frères de Joseph ?
   Ils devaient porter ses restes pendant 500 ans

Leçon 6 Heureux ceux qui ont le cœur pur

Verset de préparation: No.12:6-8; Ps.1:3;24:1; 31:15; Ez.11:24; Mt.5:8; 6:5; Jn.15:5; Ep.5:19-20 Ph.3:13-14; 1Pi.3:3-; 2Ti.2:16,22; 1Jn.3:2
Verset à lire en classe: 2Ti.2 :16-22
Verset de mémoire: Fuis les passions de la jeunesse, et recherche la justice, la foi, la charité, la paix, avec ceux qui invoquent le Seigneur d'un cœur pur. **2Ti.2:22**
Méthodes: discussion, comparaisons, questions
But: Suggérer aux chrétiens les conditions pour avoir et garder un cœur pur.

Introduction
Avoir un cœur pur et le garder au milieu d'une génération perverse et corrompue! Quel défi! Y a-t-il une recette, une prescription ou du moins, une marche à suivre pour conserver le cœur pur? Sur ce point, restons sur la montagne et écoutons le maitre sans interruption.

I. Faux semblant à éviter:
1. Le cœur pur ne se reconnait pas dans le port d'un vêtement blanc dans un service de jeûne ou de prière. 1Pi.3 :3-4
2. Il n'est pas non plus dans des gestes gracieux en ouvrant les deux bras vers le ciel avec les yeux ouverts ou en joignant les deux mains sur la poitrine en fermant les yeux pour prier. Mt.6:5
3. Il n'est pas non plus dans une prière faite avec une voie mielleuse dans l'unique intention d'impressionner Dieu.
4. Dieu seul connait ceux qui ont le cœur pur. Il nous donne les moyens pour l'avoir et ces moyens ne viennent pas de nous, de nos talents, c'est un don de Dieu.

II. Le cœur pur:
1. Une vie exposée à la Parole de Dieu. Jn.15:3
2. Une vie de prière et de persévérance. Ep.5:18-20

3. Une vie de louange à Dieu. Ep.5:20
4. Une vie de service désintéressé. Ph.3:13-14

III. Pour avoir un cœur pur, il faut:
1. Eviter les mauvaises compagnies, les mauvais propos, les mauvais films: Ils ont la propriété de détruire notre relation avec Dieu et nous conduire au mal. Ps.1;1; 2Ti.2:16
2. Il nous faut recevoir la Parole de Dieu comme telle. Elle imprimera en nos cœurs toutes les vertus de Dieu. Jn.15:5
   a. Cette parole change le cours de nos pensées.
   b. Les bonnes pensées nous inspirent de bonnes actions faites avec des mains innocentes. Ps.24:1
   c. Cette Parole détermine nos genres de relation. Ps.1:3. En la méditant jour et nuit, nous éviterons la relation avec les méchants et rechercherons plus facilement la compagnie de ceux-là qui invoquent le Seigneur d'un cœur pur. 2Ti.2 :22
   2 Ti.2:22
   d. Nous manifesterons l'envie de lire ensemble les psaumes, de chanter les hymnes spirituels et de célébrer de tout notre cœur les louanges du Seigneur. Ep.5 : 19-20

IV. Quel en est le profit
1. On verra Dieu. Moise l'avait vu et a eu sa photo. No. 12:6 -8
2. On est dirigé par Dieu. Ezéchiel vous dira: L'Esprit mit la main sur moi et me transporta. Ez.11 :24
3. On voyage avec Dieu. Les obstacles, les incidents de parcours (malheur, imprévus, dettes, maladie, mortalité) ne sont pas notre responsabilité. Notre destinée est dans la main de Dieu. De notre naissance à notre mort, il prend tout à sa charge. Ps.31:16
4. Un jour nous le verrons tel qu'il est. 1Jn.3:2

Conclusion
Avoir un cœur pur est un choix. Le voulez-vous?

Questions

1. Dites ce qu'un cœur pur n'est pas
   a. Le port de vêtement blanc dans un service de jeûne
   b. De grands gestes en ouvrant les deux bras vers le ciel.
   c. Des prières faites avec une voie mielleuse.
2. Dites ce qu'il est
   a. Une vie exposée à la Parole de Dieu
   b. Une vie de prière et de service à Dieu
   c. Une vie de louange à Dieu
   d. Une vie de service au nom de Jésus.
3. Comment peut-on l'avoir? Il faut
   a. Fuir les mauvaises compagnies
   b. Méditer la Bible jour et nuit
   c. Prier et jeûner
   d. Servir Dieu et le prochain
4. Vrai ou faux
   a. Un cœur pur est préparé au laboratoire.
      __ V __ F
   b. L'homme est né bon, la société le corrompt. __ V __ F
   c. Quand Adam avait un cœur pur, il vivait dans la présence de Dieu.__ V __ F
   d. Dieu a chassé Adam du Jardin parce qu'il ne pouvait voir le mal.__ V __ F
5. Cochez les vraies réponses:
   Quand on veut avoir un cœur pur
   a. On prend de la crème glacée___
   b. On lit la Bible__
   c. On chante les louanges de Dieu avec des chrétiens __
   d. On prend un bain d'eau fraîche.

Leçon 7 Heureux ceux qui procurent la paix

Verset de préparation: Ge.13:14-18; Es.41:10; 48:22; Mt.5:9; Lu.2:14; Jn.14:27; Ac.16:25, 27-28; 17: 6; Ro.5:1; 2Co.12:2; Ph.2:9; 1Th.5:3; Hé.12:14
Verset à lire en classe: Mt.5:1-9
Verset de mémoire: Recherchez la paix avec tous, et la sanctification, sans laquelle personne ne verra le Seigneur. Hé.12:14
Méthodes: discussion, comparaisons, questions
But: Découvrir la vraie paix

Introduction
Recherchez la paix avec tous et la sanctification sans laquelle nul ne verra le Seigneur. **Hé.12:14**
Comment procurer la paix si on ne l'a pas? Et où trouver la paix dans un monde troublé?

I. La paix selon le monde
1. **Une paix mitigée**[10]. Un rien peut rallumer la guerre. Cette paix est provisoire. 1Th.5:3
2. **Une paix politique.** A cause de l'interdépendance[11] internationale et des intérêts majeurs à sauvegarder, certaines grandes nations sont obligées de négocier la paix avec d'autres. Jn.14:27

Cette paix est conditionnelle. « Qui veut la paix doit préparer la guerre» est leur devise. Es.48:22

II. La paix de Dieu
1. Annoncée par des anges. Lu.2:14

---

[10] Mitigé adj. Se dit d'un sentiment qui n'est pas tranché. Qui n'est pas strict.

[11] Interdépendance. Dépendance mutuelle

2. Offerte gratuitement par Jésus-Christ. Jn.14:27
3. Recommandée aux apôtres à être distribuée gratuitement. Lu.10: 5-6
4. Cette paix survit au milieu du trouble, des dangers, des imprévus. Es.41:10
Dans un sens général, c'est un état de calme dans la conscience.

III. **Définition de la vraie paix.**
1. C'est la paix de Dieu qui surpasse toute intelligence, donc toutes autres définitions.
2. La paix de Dieu c'est la réconciliation de l'homme avec Dieu par Jésus-Christ. Ro.5:1
3. C'est la réconciliation de l'homme avec lui-même et avec son prochain. Ro.12:18
4. C'est la restauration de sa vie dans la condition préadamique. L'homme pécheur retourne dans la communion avec son créateur. Ro.5:1

IV. **Sa nature.**
1. **Une paix imperturbable.** Paul a eu cette paix dans la prison de Philippe. Contrairement à son bourreau, il n'était pas paniqué[12] devant la mort. Ac.16: 25, 27-28
2. **Une paix révélatrice.** Cette paix qui vient de Dieu ne bouleverse pas les ménages ni les églises mais **elle bouleverse les consciences.** Ecoutez les Thessaloniciens : «Ces gens qui ont bouleversé le monde sont venus parmi nous, et pour comble de malheur, Jason leur a donné l'hospitalité». Ac.17 : 6
3. **Une paix négociatrice.** La vraie paix occasionne des frais. Jésus a payé le prix de notre paix par sa mort sur la croix. Ro.5 :1

---

[12] Panique nf. Terreur subite, violente, incontrôlable

II. Heureux les promoteurs de la paix :

1. **Abraham.**
   Pour négocier la paix avec Lot son neveu, Abraham lui offrit une séparation à l'amiable : Lot a choisi d'aller à Sodome. Ge. 13:8-9
   Récompense : Dieu n'attendait que cette décision pour parler avec Abraham et le bénir. Ge.13 :14-18
2. Paul a apporté le message de paix partout en Asie mineure.
   Récompense : Il fut ravi jusqu'au troisième ciel. 2Co.12 :2
3. Jésus a apporté le message de paix aux hommes de bonne volonté. Lu.2 :14
   Récompenses
   a. Dieu l'a souverainement élevé. Ph.2 :9
   b. Les agents de paix seront appelés fils de Dieu, donc, les héritiers de Dieu, le Dieu de paix. Mt.5 :9

Conclusion

Sachez qu'on ne peut donner la paix si on ne l'a pas. Recherchez la paix avec tous, offrez la paix à tous et le Dieu de paix sera avec vous.

Questions

1. Qu'est-ce que la paix dans un sens général ?
   C'est un état de sérénité, de calme dans la conscience.
2. Comment définir la paix selon le monde ?
   Une paix mitigée, une paix politique, une paix conditionnelle.
3. Comment définir la paix selon Dieu ?
   La paix dans la conscience, la réconciliation avec Dieu, avec soi-même et avec le prochain.
4. Que faut-il pour voir le Seigneur ?
   Il faut la paix de Dieu, la paix avec Dieu, la paix dans la conscience et la paix avec le prochain.

Leçon 8 Heureux les persécutés pour la justice

Verset de préparation: Ge.12:16; Lé.15:19; No.12: 1,8-10; Mc.16:7-11; Lu.16:25; Jn.8:3-4; Ro.16:1; Ph.4:2; Mt.5:10
Verset à lire en classe : Mt.5 :1-8
Verset de mémoire : Heureux ceux qui sont persécutés pour la justice, car le royaume des cieux est à eux. **Mt.5 :10**
But : Montrer l'intervention d'un Dieu dans le redressement de l'équilibre social.
Méthodes : Discussion, comparaisons, questions

Introduction
Dans tous les pays du monde, des hommes d'un autre calibre[13], s'élèvent en faveur des opprimés au nom des droits humains. Sont-ils tous loués pour cela ? Je ne sais. Et s'ils ne le sont pas, est-ce une raison pour tolérer les abus ? Qui sont-ils ces persécutés pour la justice ?

I. C'est d'abord la femme
1. Dans les temps anciens, la femme orientale faisait partie des biens meubles de l'homme. Jésus vient pour la libérer de l'esclavage. Ge. 12:16
Il en a fait l'égal de l'homme. Il l'a restaurée dans ses droits. Adam les avait bien reconnus car, malgré les défauts de cette femme responsable en partie de sa chute, il ne l'avait pas divorcée.
2. La généalogie de la femme était ignorée dans l'Ancien Testament. Si son nom y était cité, c'était seulement pour appuyer un fait. Ainsi avons-nous une Rahab, une Ruth, une Bathsheba dans l'arbre généalogique du Seigneur.

---

[13] Homme d'un autre calibre. Expression pour désigner un homme exceptionnel

3. Jésus en a fait des missionnaires, des conseillères, des servantes dans son Eglise. Mc.16:7-11; Ro.16:1; Ph.4:2
4. Il s'est laissé toucher par une femme atteinte de dysménorrhée. Dans l'Ancien Testament, elle aurait été mise en quarantaine pour sept jours, à cause de son impureté. Lé. 15:19; Mc.5 :27
5. La femme prise en flagrant délit d'adultère était seule à être traduite en justice. Jn.8 :3-4
Son partenaire ne l'était pas. Apparemment, il était innocenté. On dirait que la femme avait commis l'adultère seule ! Jésus a rétabli la femme dans ses droits.

II. Ensuite, les victimes des préjugés

Dieu est le Dieu des nations et non d'un groupe de nations. Il a fait que tous les hommes soient sortis d'un même sang. Ac.17:26

Il a donné à tous le cerveau, cette matière grise chez tous les peuples. Et tous ont la capacité de produire, d'inventer et de maitriser la planète. Nul n'est inférieur puisque Dieu peut habiter en quiconque croit en lui.

Dieu n'a pas discriminé sur le pauvre Lazare en faveur de l'homme riche. Lu.16 :25 ;

Dieu a frappé de lèpre Marie la sœur de Moise, parce qu'elle ne voulait pas d'une négresse pour belle-sœur. No.12 :1,8-10

III. J'ajoute les martyrs.

1. On leur refusait le droit d'adorer Dieu selon leur conscience. Jean Huss fut brulés vif pour sa foi le 6 juillet 1415 et Jérôme de Prague, un disciple de Jean Huss subit le même sort le 30 mai 1416. Savonarole rapporte-t-on, fut arrêté, torturé et exécuté le 23 mai 1498 pour avoir reproché maintes fois la conduite immorale du pape Alexandre VI.
2. En effet, ce pape, Rodrigue Borgia de son vrai nom, tolérait ses enfants qui organisaient des bals dans le Vatican. Les invités dansaient nus et un prix était décerné à ceux qui faisaient mieux le sexe.

3. A noter que le célibat était déjà en vigueur dans le clergé depuis l'année 1123 en vertu d'un décret publié au Concile[14] de Latran par le pape Calliste II. **Cependant le pape Alexandre VI, passait loin du standard de moralité.** Le jour est proche où le sang de ces martyrs qui crie vengeance sera satisfait. **Ap.6:9-10**

Conclusion
Si vous êtes de leur nombre, souffrant toutes sortes d'abus, comme martyr de la vérité, patientez. Votre jour arrive. Encore une fois, patientez

---

[14] Concile. Nm. Cath. Assemblée d'évêques et de théologiens qui décide des questions de doctrine et de discipline ecclésiastique

Questions

1. Citez trois catégories de gens persécutés pour la justice.
   La femme, les victimes des préjugés, les martyrs
2. Comment la femme était' elle considérée dans la culture orientale.
   Un bien meuble de l'homme
3. De quoi souffrait la femme qui touchait Jésus
   De dysménorrhée ou perte de sang.[15]
4. Pourquoi ne devait-elle pas toucher le Seigneur?
   Elle était impure selon la loi juive.
5. Pourquoi Jésus se laissa t'il toucher?
   a. Pour détruire une tradition qui n'a plus sa raison d'être.
   b. Pour annoncer la libération de la femme
6. Pourquoi la femme adultère était la seule à être présentée ?
   Ce n'était pas une faute grave et punissable pour l'homme.
7. Si tous les hommes sont sortis d'un seul sang, pourquoi tant de couleurs ?
   C'est l'effet du climat, de l'alimentation et de Dieu.
8. Citez trois martyrs pour la justice.
   Jean Huss, Jérôme de Prague, Savonarole
9. Comment moururent-ils ? Par la torture.

---

[15] Dysménorrhée nf. Menstruation douloureuse

Leçon 9 Heureux les outragés

Verset de préparation: De.25:3; Ps.69: 5-22; Mt.5:1-12; 10:22; 11:19;12:22-37; 25: 33-34; Lu.23: 9,31, 36; Ac.5:41; 9:15; 16:19-24; 17: 6, 26; Col.3:8; Ja.1:12;1Pi.4:15;
Verset à lire en classe: Mt.5:10-12
Verset de mémoire: Les apôtres se retirèrent de devant le sanhédrin, joyeux d'avoir été jugés dignes de subir des outrages[16] pour le nom de Jésus. Ac.5:41
But: Développer la maitrise dans l'adversité
Méthodes: discussion, comparaisons, questions

Introduction
Que personne ne souffre comme voleur, ou comme s'ingérant[17] dans les affaires d'autrui. Mais si quelqu'un souffre comme chrétien, qu'il n'en est point honte mais que plutôt il glorifie Dieu à cause de ce nom. Quelle introduction drôle! **1Pi.4 :15**

I. Définition de l'outrage
C'est le dénigrement par des paroles blessantes en vue de ravaler, de déprécier, d'accabler quelqu'un par de fausses accusations. «Ce que je n'ai pas volé, il faut que je le restitue. On m'abreuve de vinaigre» dit le Psalmiste. Ps.69 :5c, 22 ; Lu.23 :36

II. Qui est outragé en général?
1. Les serviteurs de Dieu considérés comme des criminels. Ps.69 :9,13
2. Pierre nous recommande de glorifier Dieu à cause des outrages reçus pour le nom de Jésus-Christ. Ac.5: 41

---

[16] Outrage nm. Grave offense, attente à l'honneur, à la dignité de quelqu'un, injure, affront
[17] Ingérer vt. Introduire

3. Paul a reçu cinq fois quarante coup moins un, soit un total de 195 coups de bâton. (La loi juive interdisait une bastonnade au-delà de quarante coups à un condamné.) De. 25:3

III. Pourquoi?
Parce que les persécuteurs ont un but à satisfaire:
1. Dans le cas de Paul, ils voulaient prouver la supériorité de leur religion sur toutes les autres. Ac.16:19-24
2. Avant sa conversion, ce même Paul outrageait et maltraitait les chrétiens? Jésus lui fit payer cher ces outrages. Ac.9:15
3. Dans leur haine pour le Seigneur, les pharisiens le traitèrent de voleur et de prostitué par contagion, selon ce proverbe: «Dis-moi qui tu fréquentes, je te dirai qui tu es» Mt.11:19
4. Ils le traitent aussi de magicien disant qu'il chasse les démons par Belzébul. Mat. 12:24 Quel blasphème!
5. Les Thessaloniciens traiteront Paul et Silas: de fauteurs de trouble Ac.17:6

IV. Notre réaction à l'outrage
1. Nous devons garder une attitude positive. Nos paroles et nos actions doivent prouver que nous sommes lumières. Nous devons éviter de prononcer des paroles déshonnêtes. Il nous faut nous rappeler que les prophètes avant nous n'avaient pas eu un sort meilleur. Mat.5:12; Col.3:8
2. Nous devons garder le silence. Jésus nous avait prévenus que cela devra arriver. Mt.10:22
3. Il n'avait non plus riposté[18] aux questions outrageantes d'Hérode et à ses moqueries. Lu.23:9
4. A la fin de l'interrogatoire, n'a-t-il pas déguisé notre Seigneur d'une vieille robe de chambre, d'une couronne

---

[18] Riposter vt. Répondre vivement

d'épines et d'un vieux bâton pour l'acclamer roi ? Quel outrage[19] ! Lu.23:11
5. N'attendez pas mieux des ennemis de l'Evangile. Mt.10:22; Lu.23:31

V. Notre récompense
1. Nous serons assis à la droite de Jésus. Mt. 25 :33
2. Nous serons couronnés après les luttes de la vie. Ja.1:12
3. Nous jouirons de la vie et de la félicité éternelle. Mt.25:34

Conclusion
Un jour vous cesserez vos chants d'angoisse. Patientez. Dieu n'a pas encore dit le dernier mot.

Questions

1. Que veut dire le mot outrage?
   Paroles blessantes adressées à quelqu'un dans le but de l'humilier. Dénigrement
2. Qui outrage-t-on d'ordinaire?
   Les serviteurs de Dieu
3. Donnez-en trois exemples dans la bible.
   Jésus, Paul, Pierre
4. Cochez la vraie réponse
   Paul reçut des juifs __ 15 __ 75 __ 95 __ 195 coups de fouet
5. Pourquoi les chrétiens furent –ils outragés ?
   a. Parce que leurs ennemis voulurent montrer la supériorité de leur religion
   b. Ils voulurent manifester leur haine contre Jésus-Christ.
6. Quelle attitude doit-on observer devant les outrages ?
   a. Une attitude positive. On doit garder le silence
   b. On doit se rappeler que les chrétiens n'étaient jamais aimés.
7. Comment Hérode a-t-il outragé Jésus?
   Il l'a accoutré d'une vieille robe, d'une couronne d'épines et d'un bâton.
8. Quelle est la récompense des outragés?
   La couronne de vie, une position à la droite de Jésus-Christ

Leçon 10 S'ils se taisent les pierres crieront

Texte de préparation: Es.53:1-12; Mt.24;1-2; Lu.2:16-20; 7: 37-38; 18: 1-8, 42-43; 19: 29-40; Jn.5:15; 8:1-12; 11:43-44
Texte à lire en classe: Lu.19: 29-40
Texte d'or: Et il répondit: Je vous le dis, s'ils se taisent, les pierres crieront. Lu.19:40
Méthodes: Histoire, questions
But: Montrer qu'aucune force ne peut freiner le train de l'Evangile dans sa course vers le salut des âmes.

Introduction
C'est pour la troisième fois, durant son ministère terrestre, que nous voyons le Seigneur monter à Jérusalem. Cette fois-ci, une foule en délire, l'acclame au point de susciter des mécontents. Quelle est cette foule ? Pourquoi veut-on la restreindre ?

I- **Parce que Jésus avait beaucoup de disciples**. Lu.19 :37
Ce terme suggère un groupe supérieur à douze. Certains étaient ses fanatiques.
1. A part la guérison du paralytique près de la piscine de Béthesda. Jn.5: 15;
2. la résurrection de Lazare à Béthanie à trois milles de Jérusalem. Jn.11:43-44
3. le recouvrement de la vue à Bartimée, non loin de Jéricho, Lu.18:42-43,
tous les miracles du Seigneur eurent lieu autour de la Galilée à 144 kilomètres de Jérusalem. Il faut donc que tous le sachent.

II. **C'était encore des témoins oculaires de ses miracles.**
 1. Jésus guérissait les malades
 2. Il combattait les préjugés et la discrimination des pharisiens et des sadducéens. Jn.8 :1-12
 2. Ainsi, ces gens louaient en lui une démocratie qui lui permet de satisfaire les besoins d'un peuple méprisé.

a) Voyez-le chez Zachée, un homme sans réputation. Lu.19 : 6-7
b) Voyez-le qui accepte l'adoration d'une femme pécheresse. Lu.7 :37-39
c) Voyez-le qui mit fin à la misère du pauvre Bartimée. Lu.18 :39-43
d) Il se passionne pour l'histoire de la veuve et des pauvres en esprit. Mt.5 :3 Lu.18 :1-8
e) La multitude applaudit à ces actes de changement. Elle crie «Hosanna, Béni soit celui qui vient au nom du Seigneur.» Lu.19 :38

II. Réaction des pharisiens

Ils sont jaloux de la popularité de Jésus au point de lui demander de calmer la foule. Lu.19 :39

IV. Réaction de Jésus

1. Il leur répondit : «S'ils se taisent, les pierres crieront.» Lu.19 :40
   C'est le moment pour eux de contempler le château du roi David dont je suis issu. Lu.1 :32
2. C'est le moment de leur rappeler Bethléem, le lieu de ma naissance, et Jérusalem, le tombeau des prophètes avant sa destruction. Mt. 24: 1-2; Lu. 2:16-20
3. C'est le moment de leur épanchement sentimental envers moi ; ils sont les témoins de l'accomplissement des dernières prophéties qui précipiteront l'Heure de leur espérance et de leur délivrance. Es.53 :1-12 ; Mt.26 :57

Laissez les tranquille ! Sinon des pierres vont crier à leur place. Quelles sont ces pierres ?
C'est L'archéologie, science moderne des découvertes. Elle permet d'excaver des civilisations disparues et de mettre en lumière certaines prophéties qui seraient mal interprétées.
En effet en 1948, près de la mer Morte, des pères Bédouins ont découvert des rouleaux contenant les livres poétiques (Job,

Psaumes, Proverbes, Ecclésiastes, Cantique des Cantiques) le livre d'Esther et du prophète Esaie.

V. Quelle serait notre contribution si nous étions dans cette foule ?
   1. Nous l'aurons au moins acclamé pour la vie éternelle et la protection contre le malin. 1Co.15 :57
   2. Nous l'aurons aussi acclamé pour les biens temporels.

Conclusion
Jésus serait heureux de s'immerger dans un bain de foule au cours de ce vingt et unième siècle d'apostasie. Etes-vous prêt à crier «Hosanna, Béni soit celui qui vient au nom du Seigneur?»

Questions

1. Combien de fois Jésus allait' il à Jérusalem durant son ministère public? Trois fois
2. Combien de disciples avait' il? Une multitude
3. Citez trois de ses miracles réalisés en dehors de la Galilée:
   La guérison de Bartimée, du paralysé près de la piscine de Bethesda, la résurrection de Lazare.
4. Qui voulait interrompre la manifestation ?
   Des pharisiens
5. Quelle était la raison de cette manifestation ?
   Ils voulurent louer Jésus pour ses miracles, son enseignement et son amour pour les gens du peuple
6. De quelle pierre parle-t-il?
   L'Archéologie, la science moderne des découvertes
7. Quand et où et par qui furent découvertes des portions des Ecritures?
   En 1948 près de la Mer Morte par les pères Bédouins.
8. Qu'avaient-ils trouvé?
   Les livres poétiques savoir Esther, Job, Psaumes, Proverbes, Ecclésiastes, Cantique des Cantiques et Esaie.
9. Quelle devrait être notre part dans cette manifestation?
   Louer Jésus avec force

Leçon 11 Le mystère du tombeau vide

Verset de préparation: Ps.16:10; Mt.5:6; Mc.16: 16; Lu.24: 1-12; Jn.11:25; 14:6; 20:16-17; Ro.10:9-10; Ep.2:3; 5: 14-17; 1Co.15:1-58; Ph.3:18-19; 1Pi.3:19
Verset à lire en classe : 1Co.15 : 47-57
Verset de mémoire: Et si Christ n'est pas ressuscité, votre foi est vaine, vous êtes encore dans vos péchés.1Co.15:17
But: Confirmer l'évidence chrétienne
Méthodes: discussion, comparaisons, questions

Introduction
Quel scandale après le scandale de la croix ! Ne va-t-on pas donner raison aux ennemis de l'Evangile? Comment expliquer le tombeau vide?

I. **C'est la première évidence du Christianisme.**
   1. Premier témoignage: le locataire du tombeau a déménagé. Il n'est point ici disait l'ange; Il est ressuscité Lu.24: 5-6
   2. Deuxième témoignage: Marie de Magdala a vu Jésus immédiatement après sa résurrection. Il l'a empêchée de le toucher parce qu'il devait tout de suite monter vers son Père pour rendre compte de sa mission. Jn. 20:16-17
   3. Troisième témoignage, plutôt prophétique: Dieu n'a pas permis que son bien-aimé voie la corruption. Ps.16:10

II. **C'est une confirmation de la divinité de Jésus-Christ.**
   1. Il meurt en homme. Il ressuscite en Dieu. Lu.24:7
   2. Il est allé dans le monde invisible prêcher aux esprits en prison depuis plus de quatre mille ans, les incrédules du temps de Noé qui attendaient leur jugement. 1Pi.3:19

III. **Elle nous donne une nouvelle conception de la mort.** Mc.16:6; Lu.24:6, 12

1. C'est la preuve de notre identification à Christ. Il garantit notre propre résurrection. Si nous sommes morts avec lui, nous ressusciterons aussi avec lui. Jn.11:25;
2. C'est aussi une preuve que la mort est une situation provisoire. 1Co.15:22

IV. Significations du tombeau vide
1. C'est la preuve de notre victoire dans l'adversité face aux grands inconnus de la vie. 1Co.15 :55-58
   C'est la garantie de notre victoire sur les makandas, les zobops, les loup-garous. Ep.2:3
2. C'est la religion des rites, des cérémonies, des reliques, du formalisme pour faire de l'argent, mais où Jésus est absent. Ph.1:15
3. C'est l'Eglise qui n'a pas un programme d'évangélisation. Elle invente des réveils sans chercher un réveil de la conscience. Ep.5 :14-17
4. C'est la religion des chrétiens sans Christ. Ils parlent de ce qui doit être fait mais ne veulent pas contribuer à faire quoi que ce soit. L'Eglise est leur tombeau chargé d'ossements de tripotage. Ph.3:18-19

Conclusion

Il est trop tard pour embaumer le corps de Jésus. Il est temps de lui offrir le parfum de la louange. Rappelons-nous de sa dernière volonté et allons reprendre les âmes entre les griffes de Satan le diable.

Questions

1. Donnez trois évidences du tombeau vide
   a. L'ange l'a déclaré
   b. Le corps de Jésus n'était pas infecté
   c. Jésus parla à Marie de Magdala juste après sa résurrection
3. Qu'est ce qui confirme la divinité de Jésus-Christ?
   a. Il meurt en homme et ressuscite en Dieu
   b. Il alla prêcher aux esprits des incrédules en prison depuis le temps de Noé.
4. Quelle doit être la conception du chrétien de la mort?
   a. Jésus assure notre propre résurrection
   b. La mort est un état provisoire, transitoire
   c. Le ciel est la maison de notre Père, nous venons du Père
6. Que symbolise le tombeau vide?
   a. Pour le chrétien c'est la preuve de la victoire
   b. Pour le non-chrétien c'est sa religion comprise dans les rites et les cérémonies
   c. C'est l'Eglise morte, le cœur sans Dieu, le chrétien sans vision

Leçon 12 Le doute de Thomas

Verset de préparation: Mt.5:6; 13:19; Lu.7:11-18; Jn.11:1-44; 14: 5; 20: 24-29
Verset à lire en classe: Jn.20:24-29
Verset de mémoire: «Parce que tu as vu, tu as cru, heureux ceux qui n'ont pas vu et qui ont cru!» Jn.20:29
Méthodes : discussion, comparaisons, questions
But: Montrer comment le doute de Thomas peut rendre service à la foi chrétienne.

Introduction
Savez-vous que le doute de Thomas rend service au Christianisme ?

I. **Quelle était la nature de son doute**
Thomas n'était pas un douteur de mauvaise foi. Il veut être convaincu avant de croire. C'est alors qu'il confessera Jésus comme son «Seigneur et son Dieu». Mt.13 :19 ; Jn.20 :27-28
Il **veut avoir des preuves.**
1. Quand Jésus annonçait son départ, Thomas voulut en avoir des informations précises : «Seigneur, nous ne savons où tu vas; comment pourrons-nous en savoir le chemin?». Jn.14 :3-5
2. Il veut agir en adulte. Il croira pourvu qu'il puisse mettre le doigt dans la plaie vive du Seigneur.
   Entre parenthèse, il prêcha à Parthe, en Perse et en Inde et mourut percé de coups près de Madras au Mont Saint Thomas en Inde.
3. Il était un disciple fervent du Seigneur.
   Quand Jésus devait laisser Pérée pour visiter Lazare en Judée, tous les disciples contestèrent ce voyage puisque là, on avait cherché à le lapider. Jn.11: 8
   Thomas était le seul à remonter leur courage en leur disant «Allons aussi, afin de mourir avec lui.» Jn.11: 16

II. **Les inconvénients engendrés par son doute.**
   1. Raisonner de tout au lieu de croire en Dieu. Voilà qui reporte une décision à huit jours de retard. Jn.20 :26 La résurrection du fils de la veuve de Naïn et celle de Lazare devraient suffire pour le convaincre. Hélas! Lu.7 :11-18 ; Jn.11 :43-44
   2. Jésus dira : « Heureux ceux qui n'ont pas vu et qui ont cru.».
   3. Thomas était méfiant des disciples et même de Jésus. Heureux le pasteur qui n'a pas un Thomas dans sa congrégation. On ne peut aller vite ni loin avec ces gens.
      a. Ils viennent toujours en retard et tiennent à ce qu'on leur rapporte toute une séance dans ses menus détails.
      b. Très souvent ils désapprouvent ce que les autres avaient accepté. Ils font toujours des dilatoires et sont au fond, des méchants.

IV. **Le service que nous rend ce doute**
   1. La preuve de la résurrection de Christ demeure un fait, une fois pour toute.
   2. Les intellectuels chrétiens sauront que leur rôle est de convaincre ces Thomas. Ac.10 :1-7
   3. Voilà pourquoi Dieu prévoit la formation des docteurs, des théologiens à haut niveau, ces nobles selon la chair. 1Co.1 :27

Conclusion
Ne donnez pas du fil à retordre à l'Evangile. L'Evangile n'a pas besoin des Thomas pour être cru et prêché. S'il vous plaît, retirez vos doigts, dans la plaie du Seigneur.

Questions

1. Quelle est la nature du doute de Thomas ?
   a. Il avait une fois qui raisonne, une foi argumentative
   b. Il veut voir pour croire
   c. Il a une foi d'adulte, une foi expérimentale
2. Quel genre de foi Jésus réclame t'il ? Une foi d'enfant
3. Où Thomas allait 'il en mission?
   A Parthes, à Perse et en Inde
4. Quels sont les inconvénients apportés par son doute ?
   a. Il accuse un esprit de méfiance
   b. Il met l'œuvre en retard
   c. Il met l'Eglise et le pasteur dans un état déprimant
5. Qu'est ce qui devrait convaincre Thomas de la résurrection de Jésus-Christ ?
   Les résurrections du fils de la veuve de Nain et de Lazare auxquelles il était témoin.
6. A qui Thomas ressemble-t-il?
   A ces membres de l'Eglise à qui Satan donne la responsabilité de nuire au pasteur.
7. A quoi cela va aboutir? A rien de positif
8. Vrai ou faux
   a. Jésus aimait Thomas __ V __ F
   b. Thomas était « macoute » __ V __ F
   c. Thomas était convaincu après preuves
      __ V __ F
   e. L'Eglise a besoin des Thomas pour mieux fonctionner. __ V __ F
   f. Il faut avoir la foi de Thomas pour entrer dans le royaume de Dieu. __ V __ F
   g. Un Thomas doit être le bras droit du pasteur __ V __ F

Récapitulation des versets

1. Heureux les pauvres en esprit, car le royaume des cieux est à eux! **Mt.5:3**

2. Heureux les affligés, car ils seront consolés! **Mt.5:4**

3. Heureux les débonnaires, car ils hériteront la terre! **Mt.5:5**
4. Heureux ceux qui ont faim et soif de la justice, car ils seront rassasiés. **Mt.5:6**

5. On t'a fait connaître, ô homme, ce qui est bien; Et ce que l'Éternel demande de toi, C'est que tu pratiques la justice, Que tu aimes la miséricorde, et que tu marches humblement avec ton Dieu. **Mi.6:8**

6. Fuis les passions de la jeunesse, et recherche la justice, la foi, la charité, la paix, avec ceux qui invoquent le Seigneur d'un cœur pur. **2Ti.2:22**

7. Recherchez la paix avec tous, et la sanctification, sans laquelle personne ne verra le Seigneur. **Hé.12:14**

8. Heureux ceux qui sont persécutés pour la justice, car le royaume des cieux est a eux. **Mt.5:10**

9. Et il répondit : Je vous le dis, s'ils se taisent, les pierres crieront. **Lu.19:40**
10. Les apôtres se retirèrent de devant le sanhédrin, joyeux d'avoir été juges dignes de subir des outrages[20] pour le nom de Jésus. **Ac.5:41**

11. Et si Christ n'est pas ressuscité, votre foi est vaine, vous êtes encore dans vos péchés.**1Co.15:17**

12. «Parce que tu as vu, tu as cru, heureux ceux qui n'ont pas vu et qui ont cru!» **Jn.20:29**

Tome 8 - Série 2

Les Secrets d'Esther

Avant-propos

Faut-il voyager à travers les brumes de l'histoire assyrienne pour découvrir une reine mondiale ? N'en a-t-on pas dans notre époque contemporaine avec tout ce qu'elles ont de charisme, de charme et de beauté ? Je me pique de curiosité pour identifier cette perle, une perle pas comme les autres. Une perle parmi 127 autres. Esther, une jeune orpheline sera la Cendrillon sélectionnée parce qu'elle a pu trouver la mesure du cœur d'un roi réputé pour ses crises de personnalité.

Comment a-t-elle pu faire pour l'emporter sur les autres ?

Assuérus a sans doute découvert en elle ce qu'il n'a pu trouver dans 127 femmes réunies. Allô les dames, ne m'en voulez pas ! Je ne veux pas donner à certains hommes l'occasion de mettre les pieds sur votre cou comme si vous étiez les pires vermines sur la terre.

A la vérité, ce que les autres femmes avaient, était commun à toutes les femmes ordinaires. Or le roi cherchait une femme aux qualités extraordinaires.

Esther était d'une taille impressionnante, vierge, belle de figure, coquette, séduisante, capricieuse à ses heures, discrète, vertueuse, prestigieuse, gracieuse, respectueuse, amoureuse, simple, réservée, maîtresse d'elle-même, instruite, éduquée, hospitalière, courtoise, courageuse et par-dessus tout, elle craignait Dieu. Est. 2 :7

Maintenant que j'en ai énuméré 20 raisons, il me reste à en citer 107 autres. Je m'en garde car je ne veux pas me compter au nombre des ennemis des femmes pour avoir dit trop de vérités.

L'auteur

Leçon 1 Esther et sa beauté cachée

Textes de préparation: Est.1 : 1-22 ; 2 :13 ; Mc.6 :22-23 ; Pr.31 :30 ; 1Pi.3 :3-5
Texte à lire en classe : Est.1 :10-13
Verset à mémoriser : La grâce est trompeuse et la beauté est vaine ; la femme qui craint l'Éternel est celle qui sera louée. **Pr.31 :30**
Méthodes : Comparaisons, questions
But : Découvrir le secret de la vraie beauté féminine.

Introduction
Le concept de la beauté diffère d'un peuple à un autre. Un tour d'horizon à travers certaines cultures pourra mieux nous édifier.

I. **Considérations sur la beauté féminine.**
   1. Chez les asiatiques, la beauté féminine s'exprime par la douceur, la chasteté et la soumission absolue au mari.
   2. Dans certaines tribus africaines, la femme la plus belle est celle qui fait jouer sa ceinture avec plus de grâce pour susciter beaucoup de sensations chez les hommes. Il était bien probable que la reine Vasthy était invitée à produire une telle beauté en public comme une vulgaire danseuse, comme si c'était ce talent qui l'avait classée comme reine. Est.1 : 11 ; Mc.6 :22-23
   3. Dans certains pays comme les Etats-Unis, pour être sélectionnée « Miss America » la beauté physique doit être assortie de valeur morale et intellectuelle
   4. Par ailleurs, la beauté des femmes vaniteuses s'exprime par le bavardage, l'extravagance et la vaine gloire qui font l'affaire des coureurs de jupes. Elles se donnent souvent en spectacle avec des habits éclatants, transparents même parfois, et leur beauté éclate à première vue. Elles font impression pour un moment et deviennent fades à la fin. Ces femmes sont faciles et toujours disponibles. Elles font assez de bruits ou de gestes et même trop pour se faire remarquer. Fort malheureusement, elles sont surtout attirées

par des gens comme elles, c'est-à-dire superficiels, vantards et qui sont loin d'avoir l'étoffe d'un mari sérieux.
5. Certaines femmes usent leur beauté comme d'une arme pour dominer leur mari trop conciliant. Cela ne colle pas avec les maris asiatiques.

II. **Considération sur la beauté intérieure.**
1. C'est une beauté cachée sous le voile de la simplicité et de l'humilité. Elle est naturelle et pure. 1Pi.3: 3-5.
2. Esther était dotée d'une beauté physique extraordinaire. Elle était belle de taille et belle de figure. Orpheline de père et de mère, adoptée par son cousin Mardochée, elle était très sobre dans sa mise et dans sa toilette suivant les recommandations de celui-là. Est. 2: 7, 11,13
3. Sa beauté intérieure s'exprime par la vertu et la dignité. Esther était vraiment belle.

Conclusion
Esther savait comment se faire désirer par ses manières réservées, par le don de se faire rare. Qu'est-ce qui fait ressortir votre beauté, le corps ou le cœur ? Réfléchissez sur l'attitude d'Esther pour en trouver la réponse.

Questions

1. Trouvez la bonne réponse : ce qui caractérise le mieux la beauté féminine chez les asiatiques.
   a. Elles se maquillent à longueur de journée
   b. Elles mangent beaucoup
   c. Elles doivent montrer la douceur, la chasteté et l'obéissance à leur mari.
2. Trouvez ici ce qui caractérise la beauté dans certaines tribus africaines.
   a. Elles jettent des boulets sur la tête des garçons.
   b. Elles portent des boulets sur la tête.
   c. Elles tirent des boulets attachés à leurs chevilles.
3. Dites ce qui entre en ligne de compte dans les concours de beauté aux États-Unis ?
   a. La beauté physique seulement
   b. La beauté intellectuelle et morale
   c. La beauté morale et intellectuelle jointe à la beauté physique
4. Cochez ce qui a fait ressortir la beauté chez Esther ?
   __ Ses grimaces __ Sa simplicité __ Sa diction __ Sa couleur __ Dieu
   6. Choisissez parmi ces noms qui avait élevé Esther: __ Zachée __ Mardochée __ Noé

Leçon 2 Esther et ses pensées cachées

Textes de préparation: Ex. 14 :13-30 ; Est. 2 : 3,7, 10, 13, 20 ; 3 : 5-6 ; Ps.39 : 2
Texte à lire en classe : Est.2 :15-20
Verset à mémoriser: Je disais: je veillerai sur mes voies, de peur de pécher par ma langue; je mettrai un frein à ma bouche tant que le méchant sera devant moi. Ps. 39:2
Méthodes : discours, discussion, questions
But : Montrer les avantages de la discrétion.

Introduction
Comment pouvez-vous concevoir une femme si réservée qu'elle cache certaines de ses parties intimes même à son mari ? C'est une question qu'il vous faut débattre avec Esther. J'espère qu'elle vous répondra. Est.2 :7

I. **Son Identité juive cachée à son mari.**
   a. Avant tout, elle est une esclave privilégiée. Si le roi a déposé officiellement la reine Vasthy, ne peut-elle pas connaitre un jour le même sort? Est.1 :19-20
   b. Elle cache sa langue maternelle à tous et tache de parler la langue du pays sans accent. On peut bien imaginer qu'elle était bien jeune au moment de son exil en Perse. L'hébreu serait plutôt son mot de passe quand elle veut s'adresser directement à ses confrères juifs. Est.1 :19-20
   c. Elle cache ses liens de parenté avec Mardochée. Cette mesure de prudence va la servir amplement. D'ailleurs elle vit au milieu des ennemis et des envieux ; elle pourrait risquer sa position et celle de Mardochée à la fois son cousin et son père adoptif qui lui avait recommandé d'en garder le secret. Est.2 :10,20
   Remarquez que sa position d'honneur ne la délie du tout du respect et de l'obéissance vouée à Mardochée. Est.2 :10,20

II. **On veut croire qu'Esther avait d'autres grandes vertus:**
   1. Elle était très discrète. Elle savait qu'en bavardant, elle peut dévoiler des secrets. Elle doit être prudent. Ps.39 :2b ; Pr.11 :13
   2. Esther savait aussi que son titre, ses biens, sa race ne valent rien dans la société sans un diplôme et de l'expérience à l'appui.
   3. Dans ses calculs personnels, elle a réalisé que toute précipitation peut déjouer son plan. Du mois de Nisan ou Mars au mois d'Adar ou Février, soit 12 mois inclusivement, Haman, le premier ministre, avait conduit le roi à prendre une décision fatale contre les juifs : Ils seront tous tués et leurs biens seront livrés au pillage. Et cette mesure était prise dans l'unique but de se venger de Mardochée, un juif qui refusait de fléchir les genoux pour le saluer. Est.3 : 7,13

Conclusion

Esther gardait le sang-froid recommandé dans Exode 14:14. Quelle serait votre réaction devant une telle menace?

Questions

1. Trouvez ici le nom juif d'Esther ?
   __ Marassa __ Hadassa __ Estera
2. Cochez ce qui définit sa condition sociale
   Elle était __ pensionnaire __ esclave __ immigrante
3. Dites quel était son lien de parenté avec Mardochée.__ son oncle __ son cousin __ sa femme
4. Dites comment Mardochée la considérait ?
   Comme__ sa servante _ sa fille adoptive __ sa voisine
5. Trouvez le nom de la reine d'avant Esther ?
   __ Dorothée __Vasthy __ Atalie
6. Dites quelle était la langue maternelle d'Esther ?
   __ l'anglais __ L'hébreu __ le français
7. Quelle était la vertu d'Esther relatée dans cette leçon ?
   Elle était ___ coquette __ discrète __ fluette
8. A quel mois de notre calendrier correspond le mois de Nizan?
   _____ Adar ____
9. Dites pourquoi Haman a voulu tuer Mardochée.
a. Mardochée avait beaucoup d'argent
b. Mardochée enviait sa position.
c. Etant juif, il refusait de saluer Haman à genoux

Leçon 3 Esther et le contrôle caché du roi

Textes de préparation : Ex.14 : 21-28 ; Jos.9 :13 ; 1S. 17 : 47-50 ; Est. 2 : 1; 1S.17 : 47-51 ; Esa.10 : 12-14
Texte à lire en classe : Est.2 :1-8
Verset de mémoire : Avec Dieu nous ferons des exploits. Il écrasera nos ennemis. Ps.60 :14
Méthodes : Discours, comparaisons, questions
But : Montrer comment la maitrise de soi pave la route du succès.

Introduction
Un homme difficile à se contrôler lui-même, qui peut songer à le maitriser ?

I. Identité d'Assuérus
1. **Un homme orgueilleux.** Esaie en parle comme d'un homme qui croit avoir réussi par sa force. Es.10 : 12-14
2. **Un dirigeant colérique et impulsif.** Son humeur change avec le temps, les circonstances et la quantité de tafia qu'il a bu. Ainsi il peut prendre une décision spontanée qu'il regrettera dans son moment de lucidité. Est.2 :1
3. **Un homme stupide.** Il croit en son autorité impériale incontestée et incontestable. Esprit mathématique, ingénieux, bon stratège, il a vaincu des rois. Il se croyait impeccable, insurpassable. Pour un cric ou un crac il va aux extrêmes.

II. Soupape de sureté d'Esther
1. Esther savait à l'avance que cet homme est d'un abord difficile. Il est de ces gens à qui on ne peut donner des conseils à moins qu'il ne vous adresse.
2. Elle comprend que ses accès de colère sont terribles et imprévisibles. Vasthy en a gouté pour son malheur. Ainsi une femme avertie en vaut dix.
3. Les réflexions d'Esther se résument à celles-ci a.

« Si le roi domine sur 127 provinces, je dois dominer sur lui.
« Si j'ai pu l'emporter sur 127 femmes, je dois l'emporter sur un homme.
« S'il est roi mondial, je dois être reine mondiale. S'il domine le monde, je dois mettre l'univers sous mes pieds.
a. Ainsi elle doit chercher à bien connaitre cet homme pour une cohabitation tolérable.
b. Elle doit être une femme équilibrée, maitresse d'elle-même avant de pouvoir maitriser cet homme.
c. Elle doit mettre l'empreinte de sa personne sur le cœur et la pensée du roi.
d. Elle doit savoir que l'attitude est plus importante que les faits. Les faits passent comme des images dans un film, mais l'attitude laisse son empreinte dans la pensée des hommes.
e. Elle sait qu'elle doit puiser dans ses origines la force de vaincre dans le moment présent. Elle doit se souvenir du passé glorieux de son peuple. « Dieu est avec vous quand vous le craignez. Il vous punit quand vous lui désobéissez. Il vous pardonne quand vous vous repentez. 2Ch.16 :9
f. Elle se rappelle de l'épopée de la Mer Rouge, de David le vainqueur du géant Goliath, d'un Josué qui arrêta le soleil. C'en est assez! Avec Dieu, elle peut vaincre Assuérus. Elle croit devoir se répéter plusieurs fois: « L'Eternel mon Dieu est avec moi. Il combattra pour moi. Il me guidera ».
Ex.14 :21 ; Jos. 9 :13 ; 1S. 17:47-50

Conclusion
Il vous faut dans la vie, une devise pour atteindre votre but? Quelle est la vôtre?

Questions

1. Trouvez ici le portrait d'Assuérus
   __impulsif__ orgueilleux __ colérique __ doux
2. Trouvez quel prophète nous a parlé de son orgueil. __ Michée __ Esaie __ Joel
3. Essayez de découvrir le but caché d'Esther.
   __ Se sauver __ Trouver un bon emploi dans le gouvernement __ Dominer le cœur du roi.
4. Comment s'en croit-elle capable ? Cochez la vraie réponse
a. Elle croyait en sa capacité de séduire le roi
b. Elle l'a emporté sur 127 femmes
c. Elle croit dans la puissance de son Dieu
5. Comment va-t-elle s'y prendre ? Elle doit
   a. Chercher à connaitre les points faibles du roi
   b. Avoir confiance en elle-même et garder une attitude positive.
   c. Evaluer sa propre personnalité.
   d. Eviter le complexe d'infériorité.
   e. Croire en la victoire.
   f. Croire en ses origines
   g. Croire dans le Dieu de son peuple et dans les hauts faits du passé.
   h. Tous les points ci-dessus

Leçon 4 Esther et son éducation cachée

Textes de préparation: Est. 1 :1-4 ; 2 :21-23 ; 5 :1-8 ; 7 : 1-10 ; Pr.31 :26 ; Jn.21 :12-17
Texte à lire en classe : Est. 5 :1-6
Verset à mémoriser : Elle ouvre la bouche avec sagesse et des instructions aimables sont sur sa langue. Pr.31 :26
Méthodes : discours, comparaisons, questions
But : Montrer comment on peut profiter de son mutisme.

Introduction
La parole est d'argent mais le silence est d'or. Voilà une vertu bien rare chez bien des femmes. C'est le moment de louer la discrétion chez Esther.

I. Elle est une femme de foyer
1. Esther avait préoccupé sa jeunesse à acquérir une formation de bonne maitresse de maison. Elle excellait dans la cuisine juive et persane.
2. La vraie vedette pour elle n'est pas celle qui prend les rues de onze heures du soir à trois heures du matin dans une vie de débauche, mais celle qui se forme non pour un homme mais pour la vie.
3. Sa maison bien parée, bien décorée, sa table bien mise reflètent un peu de sa culture et de son origine. Elle veut faire bonne impression.
4. Elle viendrait donc avec une originalité juive qui flatterait l'attention d'un roi très ambitieux et très enthousiasmé de ses conquêtes. Est.1 :1-4

II. Elle est une femme de société
1. Esther invita le roi et le plus grand personnage de son royaume, son premier ministre Haman avec tout le respect des protocoles. On croirait à une invitation informelle et amicale. Est.5 :4,8

2. Jésus avait utilisé cette même méthode quand il voulut trouver un terrain de réconciliation avec Pierre qui l'avait renié. Il débuta le dialogue après un diner avec Pierre et les autres disciples. Jn.21 : 12-17

III. Elle est une femme politique
1. Elle était informée par son cousin Mardochée, d'un attentat à la vie du roi. Le coup manqué était orchestré par deux bandits, Bightan et Theresch.Est.6 :1-3
2. Elle a confirmé la véracité des faits pour s'assurer que ce n'était pas une simple rumeur. Alors, elle en a fait part au roi pour que des mesures de sécurité soit prises. Est.2 : 21-23
3. Après investigations, les prénommés était reconnus coupables et ils furent pendus. Est.2:21-23
4. Nul ne savait d'où partait la chute de ces deux têtes. Esther n'en fit pas de bruit, mais doucement, elle se glissa dans les bonnes grâces du roi.

Conclusion
Femme, en fait de vie au foyer, vous êtes la mère de votre mari pour le nourrir et le protéger. Soignez votre "grand bébé". Ce sera pour votre bien dès maintenant et à l'avenir.

Questions

1. Citez les trois phases d'éducation d'Esther
   _ Femme de maison _ femme de joie _ femme de société _ femme de rue _ femme politique
2. Trouvez tout ce qui caractérise le mieux Esther
   a. Elle avait des ongles pointus
   b. Elle savait cuisiner des plats recherchés.
   c. Elle était une bonne femme de maison.
   d. Elle avait un diplôme d'art culinaire.
3. Choisissez les traits de valeur chez une femme au foyer
   a. Elle doit bien tenir la toilette de sa maison.
   b. Elle doit avoir un disco avec toutes les musiques possibles.
   c. Elle doit savoir comment accueillir ses invités.
   d. Elle doit avoir une belle voix.
4. Choisissez ce qui convient moralement
   a. La femme de société est la femme de tout le monde.
   b. Une bonne femme de société est une femme populaire.
   c. La femme de société est celle qui sait recevoir.
5. Que nous suggère Esther dans les cas de conflits à résoudre ?
   a. Provoquer l'ennemi.
   b. Trouver une formule d'entente.
   c. Divulguer les secrets.

Leçon 5 Esther et sa vie spirituelle cachée

Texte de préparation : Esd. 3 ; 7 ; 4 :16 ; Est. 4 : 1-16 ; 7 :7-10 ; 8 :17 ; Ps. 60 :14 ; Es. 44 :28 ; Ro.11 :33
Texte à lire en classe : Est.4 :10-17
Verset à mémoriser : Moi aussi, je jeûnerai de même avec mes servantes, puis j'entrerai chez le roi, malgré la loi, et si je dois périr, je périrai. Est.4 :16b
Méthodes : Discours, comparaisons, questions
But : Montrer l'intervention de Dieu quand son peuple prie.

Introduction
Quel Dieu adorez-vous ? Un dieu portatif ? Un dieu préfabriqué ? Que m'importe ? Je veux le voir en compétition avec 127 autres dieux pour juger de sa compétence. En attendant, voyez le mien dans le royaume d'Assuérus.

I. **Contexte religieux de l'époque**
   1. Esther vit sur un territoire où le nom du vrai Dieu est inconnu.
   2. Le royaume comptait 127 nations, donc 127 cultures avec 127 dieux différents. Tous ces dieux étaient vaincus par les dieux assyriens. L'Eternel ne compte pas puisqu'on ne le voit pas. « Le Dieu d'Israël, s'il existe, est aussi en captivité, » d'après Assuérus. Son nom n'est même pas cité dans le livre d'Esther, tandis que celui de ce roi païen y est porté quatre-vingt fois.
   3. Comment invoquer ce Dieu invisible en public ?

II. **Attitude d'Esther dans ce contexte**
   1. La manifestation de sa foi n'avait rien de vaniteux.
   2. Elle va faire face à un problème d'une proportion effrayante: La mort de tous les juifs décrétée à travers tout l'empire à commencer par elle. Est.3 :9
   3. Elle consentit à passer trois jours de jeûne et de prière en compagnie de ses servantes. Celles-ci devraient être juives

comme elle puisqu'il faut une communauté de pensées et de besoins. Est.4 : 16
4. Voyez une reine à genoux au milieu de ses servantes. Quel exemple d' humilité!
5. Elle va invoquer humblement son Dieu en privé.

III. **Réplique du Dieu d'Israël dans ce contexte**
1. Si Dieu est caché, son action ne l'est pas. Il en garde le droit de reproduction réservé à lui seul:
   a. Il confondit les ennemis d'Esther et des juifs.
   b. Il éleva Esther et Mardochée à la tête de l'empire perse et pour cela : Il utilisa le tempérament colérique et impulsif du roi pour répudier Vathy et destituer le premier ministre Haman. Est.7 :7-10
   c. Il met à contribution le sang-froid et la foi d'Esther pour fléchir le cœur du monarque et délivrer son peuple. Est.7:2-3
   d. Il émancipa les juifs et mit l'empire sous leurs pieds, au point que des ressortissants d'autres nations, effrayés de leur soudaine popularité, se firent citoyens juifs. Est. 8 :17
   e. Il montra au roi que ses jugements sont impénétrables et qu'il est au-dessus de tous les dieux. Ro.11:33
   f. Peu importe qu'il soit **nommé** pourvu qu'il soit **renommé**. Il l'a remporté sur 127 faux dieux. Peu après, le roi Cyrus que Dieu appellera « son serviteur », enverra une lettre circulaire dans tout son royaume pour annoncer la fin de l'exil des juifs et leur retour à Jérusalem aux frais même du roi. Esd. 3 :7 ; Es. 44 :28
   g. Ainsi avec la Bible, la foi et le jeûne par des juifs fervents, l'orgueil d'Haman est abattu, Mardochée a vaincu et Esther trôna en reine incontestée.

Conclusion

La force est dans le Dieu invisible et présent. Soyez conscient de cette force. Avec elle, vous ferez des exploits. Ps. 60:14

Questions

1. Trouvez la vraie réponse.
   Le nom du Dieu des juifs n'était pas cité dans ce livre.
   a. Parce qu'il est un dieu local, il peut agir seulement à Jérusalem.
   b. Parce qu'il est impuissant devant les 127 dieux étrangers.
   c. Parce qu'il est en captivité entre les mains du roi.
   d. Parce qu'il était méprisé à la cour du roi Assuérus.
2. Trouvez la meilleure réponse
   a. Esther était désespérée à la perte de sa position de reine.
   b. Elle priait parce qu'elle avait peur pour elle–même.
   c. Elle implorait Dieu pour la délivrance de son peuple.
   d. Elle était sur le point de perdre beaucoup d'argent.
3. Choisissez la vraie réponse
   a. Dieu avait peur des railleries.
   b. Dieu ne pouvait pas combattre ce grand roi.
   c. Dieu peut agir sans parler.
4. Vrai ou faux
   a. Dieu est caché mais son action ne l'est pas __ V __ F
   b. Il ne change pas le tempérament du roi, il change ses desseins. __ V __ F
   c. Esther passa trois jours à prier avec le roi __ V __ F
   d. La victoire d'Esther force des citoyens à se faire juifs __ V __ F
   e. Esther a vaincu grâce à la foi en son Dieu et son sang-froid __ V __ F

Leçon 6 Esther et sa connaissance juridique cachée

Texte de préparation : Ge. 12 : 16 ; Est.3 :12 ; 4 : 10-17 ; Da.6 : 8,15 ; Ps. 46 :11-12
Texte à lire en classe : Est.4 :10-17
Verset à mémoriser : L'Eternel des armées est avec nous, le Dieu de Jacob est pour nous une haute retraite. Ps.46 :12
Méthodes : discours, comparaisons, questions.
But : Montrer que le plus faible doit savoir comment négocier avec le plus fort.

Introduction
Esther était bien informée des lois en vigueur dans ce pays étranger. Voici ce qu'elle connaissait dans les grandes lignes:

I. **La Loi est une pour tous.**
   1. La loi est formelle : nul n'a le droit d'aller auprès du roi sans être appelé. C'est la règle. Elle le savait. Elle n'ira pas. Est.4 :11
   2. Assuérus est son mari à la maison. Il est le roi sur son trône. Les sentiments restent à la maison. Le devoir est dans l'Empire. Est.4:11
   3. Contester donc un ordre du roi est une entreprise risquée.

II. **La femme reste femme dans la culture orientale**
   Le statut de la femme reste invariable qu'importe son éducation, ses moyens financiers et son rang. Elle reste une chose au service de l'homme. Partant, elle n'a aucun droit à faire valoir. Ge. 12 :16

III. **Esther est une femme, certes mais pas comme les autres.**
   1. Elle n'a pas franchi les barrières du palais sans solliciter une permission.
   2. Elle ne taxe pas le roi d'hypocrite sous prétexte qu'il sait qu'Haman, son premier ministre, a décrété la mort de tous les juifs dont elle est la première. Est.7 :1-4

3. D'autres qu'elle auraient organisé une manifestation populaire pour soulever les juifs contre Haman.
4. Fort malheureusement, cette démarche ne saurait réussir avec Assuérus. Les raisons d'Etat priment. D'ailleurs il avait mis son anneau et sa signature sur l'édit. Il ne pouvait rétracter suivant la loi rigide des Mèdes et des Perses. Est.3 :12 ; Da.6 : 8, 15

IV. **Ce qu'Esther sait contrairement à beaucoup de femmes.**
1. Le Dieu invisible et présent est au-dessus des rois. Il fait ce qu'il veut, à son heure et à sa façon. Da.4 :17
2. Esther a rapporté un attentat à la vie du roi dans le but de garantir la position de Mardochée. Est.2 :21-23
3. Elle sait aussi qu'il faut l'intervention d'une force supérieure pour fléchir la volonté du roi. Puisqu'il en est ainsi, la tête d'un grand homme politique va tomber, je veux dire, l'homme de main, le bras droit du roi. Et la seule force capable de le frapper, c'est cette main qui n'est pas trop courte pour sauver, la main du Dieu vivant. Lui seul peut dire : « Arrêtez et sachez que je suis Dieu. » Esther connait ce Dieu. Ps.46 :11

V. **Un appel aux femmes**
1. Vous avez des droits. Mais contre qui allez-vous les exercer ? Allez-vous brandir l'acte de mariage, les anneaux nuptiaux ? Sachez que le parrain ou la marraine des noces, les cérémonies grandioses et les pompes ne garantissent pas la survie du ménage.
2. Ce n'est pas le temps de rappeler à votre mari ses instances auprès de votre mère, de votre bonne amie pour vous avoir.
3. L'affaire est sérieuse. Les sentiments ne comptent pas, encore moins les menaces.

Conclusion

Il vous reste une chance et une seule pour ne pas sombrer dans le divorce : le Dieu invisible et présent. Est-il à vos côtés ?

Questions

1. Indiquez ce qui caractérise le mieux la Loi des Perses.
   a. On peut fléchir la Loi par la force.
   b. On peut le changer à la faveur d'une manifestation populaire.
   c. On doit l'accepter comme telle parce qu'elle est immuable.
2. Trouvez la réponse appropriée :
   a. Dans la culture orientale, la femme a des droits
   b. Dans la culture orientale elle est la chose du mari.
   c. La femme peut avoir plusieurs maris.
3. Trouvez la réponse appropriée.
   a. Le Dieu d'Esther n'habite pas en Perse.
   b. Le Dieu d'Esther est puissant mais il a des préjugés de couleur.
   c. Le Dieu d' Esther est Tout Puissant. Il fait ce qu'il veut.
4. Dites qui a dit : « arrêtez et sachez que je suis Dieu ? »
   __ Mahomet __ Confucius __ Moise __ Dieu lui-même
5. Vrai ou faux
   a. Il faut 20 limousines pour protéger un mariage. _ V _ F
   b. Il faut une danse à la salle de réception pour rendre le mariage heureux. __ V __ F
   b. Mardochée fut le bras droit d'Haman. __ V __ F
   c. Esther avait un bon avocat. __ V __ F
   d. Notre Dieu est invisible mais réel. __ V __ F

Leçon 7 La vraie beauté d'Esther révélée

Textes de préparation : Est. 2 : 9 -22; 4 :16 ; 7 :7 ; Ps.34 :6
Texte à lire en classe : Est.7 :1-9
Verset à mémoriser : Que l'innocence et la droiture me protègent, quand je mets en toi mon espérance. Ps.25 :21
Méthodes : discours, discussions, questions
But : Montrer comment la vraie beauté d'Esther était devenue une arme de victoire.

Introduction
Dieu a mis en chacun des ressources infinies. Il suffit de savoir quand, comment et où les utiliser. La beauté d'Esther en était une.

I. **Sa beauté morale dévoilée**
 1. Esther était une jeune fille distinguée. Elle doit cette vertu en partie à Mardochée, un homme de principe qui veillait sur sa conduite. Elle sait quand sortir, comment prendre les rues, avec qui et dans quelle tenue.
 2. Elle avait sept servantes mais ne s'en écarte pas pour s'encanailler avec un sujet du roi ou une amie personnelle. Est.2 :9
 3. Elle n'affiche pas le titre de reine et n'agit pas avec caprice, ni frivolité avec personne pour créer des doutes dans l'esprit du roi.
 4. Elle a passé le test de la virginité, de la vie réservée car elle ne se laissait pas séduire par les princes assyriens. Est.2 :16-18

II. **Sa beauté spirituelle dévoilée**
 1. Malgré sa situation au palais, certainement elle lisait sa bible et priait son Dieu.
 2. Dans les cas extrêmes, elle s'associait à ses servantes pour jeûner et prier. Est.4 :16

III. **Son franc jeu avec le roi révélé**
   1. Consciente du danger qui menace son peuple, elle esquive toutes les lois de l'étiquette pour parler au roi en personne. Est.4 :16
   2. C'est à ce moment précis qu'elle dénonça Haman, l'auteur de sa perte et de son peuple. Est.7 :5-6
   3. Le roi est abattu comme par un coup de massue. Il laissa la salle de réception pour aller respirer dans le jardin du palais. Est.7 :7

IV. **Réflexions du roi dévoilées.**
   1. "J'ai répudié Vasthy dans un acte impulsif pour trôner Esther après quatre ans de réflexion. En faire autant à Esther pour plaire à un sujet de mon gouvernement, diminuerait mon crédit auprès des grands qui vont questionner la consistance de ma personnalité. Est.1 :3 ; 2 :16
   2. Je n'ai rien de personnel contre les juifs et d'autant plus qu'Esther est juive. Elle a sauvé ma vie, à mon tour de sauver la sienne et celle de son peuple. Est.2 :21-22
   3. Quant à Haman je peux toujours m'en défaire. Par conséquent, je garde ma femme. Haman doit partir.
   4. Cependant, de retour au banquet, le roi trouva Haman, les bras ouverts devant Esther. Le roi interprète cette posture comme un attentat à la pudeur. C'était la fin d'Haman.

La beauté spirituelle d'Esther mise en relief par le Dieu invisible, convainc le roi qu'il y a en Esther plus que le sexe. Il y a en elle la grandeur d'âme, la maitrise de soi, l'autodétermination. Haman doit mourir, Esther doit vivre. Est.7 :9

V. **Un appel aux femmes**
   1. Esther était restée fidèle jusqu'au bout sans jamais blâmer le roi. Allez-vous rester fidèles dans la richesse comme dans la pauvreté, dans la santé comme dans la maladie, dans les bons jours comme dans les mauvais jours et

renoncer à tout autre homme jusqu'à ce que la mort vous sépare ?
2. La beauté physique disparait à la tombe. La beauté spirituelle et morale est éternelle. Elle s'épanouit chaque jour dans la présence de Dieu.

Conclusion
Mettez cette photo d'Esther dans l'album de votre mariage. Regardez-la assez souvent et vous resterez belle comme au premier jour de vos noces.

Questions

1. Trouvez ce qui caractérise le mieux Esther.
   Elle était __ hautaine __ extravagante __ distinguée
2. Trouvez ce qui le mieux fait éclater sa beauté spirituelle.
   a. Elle chantait les romances
   b. Elle vit de jeûne et de prière
   c. Elle avait une discothèque chargée de classiques
   d. Elle mangeait peu pour garder ses lignes.
3. Trouvez comment elle a pu formuler sa demande au roi
   a. Elle écrivit une pétition
   b. Elle présenta des excuses à Haman
   c. Elle s'agenouilla devant lui pour demander pardon en faveur de Mardochée et du peuple.
   d. Elle demanda au roi la vie pour elle et son peuple.
4. Dites ce qui a décidé le roi à satisfaire Esther
   a. Il aimait Esther
   b. Il aimait la viande
   c. Esther savait danser
   d. Dieu a voulu confondre Haman en faveur de son peuple.
5. Comment imaginer les dernières réflexions du roi ?
   a. Il se décide à gracier Vathy et rejeter Esther.
   b. Il veut exiler Haman ou le tuer par jalousie
   c. Il veut tuer Mardochée et les juifs.
   d. Il veut faire tout ce que la reine Esther désire.
6. Dites tout ce qui est vrai d'Esther
   a. Pour être belle, ce jour-là, elle s'est maquillée au studio.
   b. Elle s'introduisit devant le roi dans une belle toilette.
   c. Dieu l'a rendu séduisante après ses trois jours de jeûne et de prières.
7. Dites ce qu'Esther aurait pu suggérer aux jeunes femmes.
   a. Rechercher ce qui peut plaire au mari.
   b. Montrer de la fermeté sans faiblesse.
   c. Appeler les amis et tout leur raconter
   d. Prier et agir avec foi.

Leçon 8 La victoire d'Esther dévoilée

Textes de préparation : Jos.7 :11 ; Est. 6 :10-12 ; 7 :3-, 6,10 ; 8 :9,17 ; 9 :13 ; 1Jn.2 :15-17
Texte à lire en classe : Est. 5 : 1-8
Verset à mémoriser : Car les armes avec lesquelles nous combattons ne sont pas charnelles ; mais elles sont puissantes, par la vertu de Dieu pour renverser des forteresses. 2Co.10 : 4
Méthodes : discours, comparaisons, questions
But : Montrer comment on peut vaincre avec Dieu.

Introduction
Un fait d'histoire
De Nizan ou Mars jusqu'à Adar ou Février, cela fait douze mois depuis la publication de l'édit contre les juifs. Mais qui aura le dernier mot ?

I. Le coup mortel d'Esther
1. Un diner en honneur du roi et son premier ministre !... Dans quel but ? Est.5 :12
2. Esther reconnait le roi pour sa générosité. Il avait fait des largesses aux princes et aux provinces en son honneur. Et voilà le roi qui lui offre la moitié de son royaume. Est.2 :18 ; 7 :2
3. Esther n'y est pas encore. Elle avive plutôt l'attente du roi en ajournant sa demande pour le lendemain. Ce délai enfiévra le roi au point qu'il n'a pas pu dormir. Pour se distraire, il se fit lire les journaux ou chroniques en ce temps-là. Et l'on trouva écrit que Mardochée avait révélé le complot de Bigthan et de Theresch. Pourtant, aucune récompense ne lui était accordée. Est.6 :1-3
4. Le roi donc fit appeler Haman pour lui demander des suggestions sur la façon d'honorer un bienfaiteur. Est.6 :6
5. Croyant qu'il s'agit de lui, il proposa une élévation extraordinaire. C'est alors que le roi lui demanda de faire

tout cela pour Mardochée. Haman est devenu le cocher de son ennemi numéro un ! Est.6 :10-12
Ce jour-là, l'appétit d'Haman au diner de la reine avait disparu. Le roi de son coté, s'impatienta pour savoir ce qu'Esther allait lui demander. Ecoutons Esther.

II. La demande d'Esther

1. La vie pour elle et pour son peuple. Elle est juive, car ils sont tous vendus pour être massacrés, égorgés et détruits. Est.4 : 3, 7
2. Le roi voulut connaitre sur l'heure l'auteur de cette barbarie. Est.7 :5
3. Sans hésiter, Esther accusa le coupable : «L'oppresseur, l'ennemi, c'est Haman, ce méchant-là! Est.7 :6

III. Réplique du roi

1. Il décida la mort d'Haman par pendaison au bois que celui-ci avait préparé pour Mardochée. Est.7:10
2. Mardochée succédera à Haman au même titre de premier ministre, avec tous les privilèges. Est. 8:2
3. Le massacre de tous les ennemis des juifs à travers tout le royaume par ordre du roi. Est. 8 :11

Conséquences :
1. La révocation de l'édit d'Haman. Un contre-ordre accompagnera cet édit écrit par Mardochée et sera appuyé du sceau royal. Est. 8 :9
2. Les fils d'Haman furent tous pendus. Est.9 :13
4. Des gens effrayés se firent citoyens juifs Est. 8 :17
4. Les juifs tuèrent 800 hommes dans Suse la capitale, et 75 mille dans les provinces sans pourtant mettre la main au pillage. Sans doute se souvinrent-ils de l'histoire d'Acan. Jos. 7 : 11 ; Est.9 :6, 10, 15,16 ; 1Jn.2 :15

Conclusion

Disons pour parodier Athalie, dans une pièce dramatique de Jean Racine : "O pitoyable Dieu, lui seul a tout conduit."

Questions

1. Dites ce qu'a prévu Haman pour Mardochée
   a. L'exil dans une terre inconnue
   b. La révocation sans compensation
   c. La pendaison dans la cour même d'Haman
2. Dites ce qu'Haman avait prévu pour lui-même
   a. Un habit royal,
   b. Une promenade en face du public avec honneur
   c. Un salaire plus élevé.
   d. Un haut gradé dans le royaume pour être son cocher
3. Dites ce qui a déçu Haman
   a. Mardochée qui est encore vivant.
   b. Mardochée devant qui il devait s'humilier.
   c. Le silence du roi sur tout cela.
   d. Les trois
4. Dites ce qui n'a pas changé chez Esther
   a. Son calme
   b. Sa foi en Dieu
   c. Sa foi dans le succès
   d. Les trois
5. Vrai ou faux
   a. Nizan est le mois de mars dans notre calendrier . _ V _ F
   b. Esther a invité Haman à diner par amitié V _ F
   c. Le roi aime lire les journaux le soir. _ V _ F
   d. Esther demanda au roi le pardon pour Haman. _ V _ F
   e. Le roi fit pendre Haman _ V _ F
   f. Le roi donna à Mardochée la position d'Haman _ V _ F
   g. Les juifs massacrèrent 75,800 opposants _ V _ F

Leçon 9 La fidélité de Dieu dévoilée

Textes de préparation : Ex.17 :8-16 ; 1S.15 :1-11 ; de.25 :17-19 ; Est.3 :1-15
Texte à lire en classe : Est. 3 : 1-7
Verset à mémoriser : Parce que la main a été levée sur le trône de l'Eternel, il y aura guerre de l'Eternel contre Amalek de génération en génération.
Ex.17 :16
Méthodes: Discours, comparaisons, discussion, questions
But: Montrer comment notre Dieu ne donne jamais de chance à nos ennemis.

Introduction
Un ennemi que l'on croyait endormi, se réveille soudain contre le peuple de Dieu. Qui est-il ? Allons fouiller les arbres généalogiques pour l'identifier.

I. **Généalogie d'Haman**
1. Haman est un arrière-petit-fils du roi Agag, descendant d'Amalek. Amalek est le fil d'Ésaü et de sa concubine Eliphaz. Ge.36 :12,16. Certains ressentiments devaient demeurer sinon entre Ésaü et Jacob du moins entre leur progéniture. Amalek devait rester l'ennemi juré des juifs. Ge.33 :15-16
2. Les descendants d'Ésaü prirent le nom d'Edom et habitèrent sur la montagne de Séir. Ils étaient toujours en guerre contre les fils de Jacob appelés encore les fils d'Israël. Ge. 36 : 8-9
3. Ainsi le conflit d'Haman et de Mardochée n'est point l'affaire de deux hommes mais plutôt des représentants de deux nations ennemis depuis des centaines d'années.
4. Dieu avait promis de combattre Amalek de génération en génération pour punir son impertinence d'avoir levé la main contre Israël devant le trône de l'Eternel. Ex.17: 16

5. Nous assisterons donc aujourd'hui au dernier match entre deux équipes adverses : Eternel et Amalek. Et les joueurs des deux camps s'appelleraient Haman l'Agaguite et Mardochée le juif.

II. **Lutte entre Dieu et Satan**
1. Un fait curieux : Le nom de Dieu n'est pas cité dans le livre d'Esther, celui de Satan non plus. On dirait que les deux avaient choisi d'agir dans l'anonymat.
2. Dieu accorde à Satan une période de douze mois d'opération avec Haman pour son représentant. Est. 3 :7,13
4. Dieu en Esther a pris trois jours pour rassembler les siennes et renverser le complot de Satan. L'Ange de l'Eternel va combattre. Restez près de lui ! Est.4 :16
5. A la dernière minute, Dieu prend la direction du match : Il vainquit le diable et donne le coup de sifflet final pour proclamer la victoire d'Esther, de Mardochée et des juifs. Est.7 :10
6. A Dieu seul soit la coupe de la gloire et la couronne d'honneur ! Est.8 :10-12

Conclusion
Sachez que le dernier mot est à Dieu si vous lui passez la parole.

Questions

1. Trouvez ici les ancêtres d'Haman
   _ Hermani _ Agag _ Esau _ Amalek _ Eliphaz
2. Dites ce qui est vrai d'Haman
   a. Il voulut devenir roi de perse
   b. Il décréta la mort de tous les juifs
   c. Il aimait beaucoup Mardochée
3. Vrai ou faux
   a. Le nom d'Ésaü veut dire Edom. _ V _ F
   b. Dieu avait promis de lutter contre Amalek de génération en génération. _ V _ F
   c. La lutte d'Haman contre Mardochée est la lutte entre Dieu et Satan _ V _ F
   d. Dieu permit à Haman de dominer pendant douze mois. _ V _ F
   e. Dieu prit seulement trois jours pour assurer la victoire d'Esther. _ V _ F
   f. La victoire d'Esther vient après trois jours de jeûne. _ V _ F
   g. Les noms de Dieu et de Satan ne sont pas cités dans ce livre _ V _ F
   h. Dieu agit sans que son nom ne fût pris en vain. __ V __ F

Leçon 10 Comment maitriser un mari

Textes de préparation : Jug.4 :16-21 ; 16 : 15-22 ; Pr.22 : 6 ; Ep.5 :22-24 ; 1Ti.5 :14 ; 1Pi.3 :1
Texte à lire en classe : Pr.31 :10-17
Verset à mémoriser : Femmes, que chacune soit de même soumise à son mari, afin que si quelques-uns n'obéissent point à la parole, ils soient gagnés sans parole par la conduite de leur femme. 1Pi.3 : 1
Méthodes : discours, discussion, comparaisons, questions
But : Montrer l'influence que peut exercer une femme sur son mari.

Introduction

Certaines femmes sont autoritaires par nature ; d'autres ne le sont pas, à leur manière, pour trouver le moyen de manipuler leur mari. Si c'est là votre objectif, permettez-nous de vous orienter.

I. Ce qu'une femme peut faire

1. Avec l'arme de la douceur et de la tendresse, elle peut tirer des secrets de son mari. La femme est un peu Dalila. Jug. 16 :15-22
2. Elle peut inciter à la bataille des gens découragés, défaits, démoralisés. Marie-Jeanne Lamartinière dans la bataille à la Crête-à-Pierrot (Histoire d'Haïti) en était une.
3. Elle peut mettre fin à une bataille que l'on croyait perdue. Avec l'arme de la douceur, Jaël enfonça un pieu dans la tête de Sisera, chef de l'armée des philistins. Jug.4 :16-21

II. Ce qu'une femme devrait faire

1. Développer toutes ses qualités de mère pour élever son enfant. 1Ti.5 :14
2. Montrer à l'enfant le sens de l'ordre, de la discipline dans ses petites affaires. Lui apprendre à partager avec ses frères et sœurs en vue de combattre son égocentrisme. Pr.22 :6

3. Lui enseigner l'amour de Dieu, de la famille et de la patrie en lui racontant les histoires de la Bible, des parents et des ancêtres.
4. Garder au secret les parties intimes de son corps car elles doivent être réservées.

I. **Ce qu'une femme doit faire**
1. Obéir au mari sans réplique surtout devant les enfants. Ep.5 :22-24 ; 1Pi.3 :1
2. Traiter son mari en roi si elle veut être trônée en reine. Pr. 31 : 23
3. Embrasser son mari devant les enfants pour qu'ils sachent qu'il est bienséant, moral et légitime de le faire. Ep.5 : 23
4. Ne jamais trahir les consignes du foyer au profit des amis, des enfants ou des beaux-parents. Ep.5 :33
5. Apprécier son mari en privé comme en public pour son courage, son dévouement et ses sacrifices pour le bien-être du foyer.
6. Soigner son caractère plus que tout autre chose. Car la beauté du corps est vaine mais la beauté du caractère est éternelle. Pr.31 :30
7. Dire du bien du mari en présence des enfants et des parents.

Conclusion
Retenez bien ceci : Un mot d'encouragement, un geste d'appréciation apporte un meilleur résultat que dix ans de discussion. Restez soumise et charmante et le mari ira cueillir la lune pour vous.

Questions

1. Trouver ici ce qu'une femme peut réaliser.
    a. Fléchir le cœur du mari
    b. Tuer tous les hommes
    c. Vaincre un ennemi sans arme
2. Dites ce qu'on peut espérer d'une femme
    a. Comment éduquer les enfants
    b. Montrer à l'enfant le sens de l'ordre, de la discipline
    c. Jouer à la marelle
    d. Montrer à l'enfant comment prier, chanter, saluer les gens
3. Vrai ou faux
    a. Une femme doit respecter son mari. _ V_ F
    b. Une femme doit passer des ordres au mari. __ V __ F
    c. La femme n'a pas le droit d'embrasser son mari en public. __ V __ F
    d. La femme doit utiliser son mari pour enrichir ses beaux-parents __ V __ F
    e. Si elle n'est pas d'accord avec le mari, elle doit appeler l'agent de police. __ V __ F
4. La femme doit soigner son caractère plus que tout autre chose. __ V __ F
5. La beauté du visage est le seul bien que doit apporter la femme au foyer. __ V __ F

Leçon 11 La femme recherchée

Texte de préparation : Pr. 31 :10-31
Texte à lire en classe : Pr.31 : 10-17
Verset à mémoriser : Qui peut trouver une femme vertueuse ? Elle a bien plus de valeur que les perles. **Pr. 31 :10**
Méthodes : Discours, comparaisons, questions
But : Livrer aux jeunes filles le secret de se faire aimer.

Introduction
Cela tient du miracle que certaines femmes parviennent à se marier. Elles sont bien chanceuses. Dans la règle générale, les bonnes femmes ne se rencontrent pas à tous les coins de rues. Il existe bien un procédé pour trouver la femme idéale. Quel est-il?

I. **Liste des femmes en général**
   1. **La femme trop facile.** Celle-là est vite détestée et dégoutée. Elle n'a pas créé assez de tension pour susciter de l'envie chez l'homme. La femme gagnée facilement est aussi rejetée facilement. Un Assuérus la rejettera.
   2. **La femme indifférente.** Elle se croit importante et fait semblant de mépriser l'homme qui l'aime. Elle est aimée mais elle est vite rejetée parce qu'elle ignore l'art de plaire.
   3. **La femme superficielle.** Elle manipule l'homme et prend son mariage comme une pure folie, une simple aventure de fête, de réception, de décor et de toilette. Elle aime ses bijoux, ses amis et ses musiques, les sorties, les excursions à longueur de journée. Elle passe plus de temps à la salle de toilette qu'à la cuisine. Elle sait comment nettoyer ses ongles mais ne sait pas éplucher une banane. Le jour où le mari veut prendre le mariage au sérieux, elle est déjà prête à vider les lieux.
   4. **La femme autoritaire et orgueilleuse.** Elle n'aime qu'elle-même. Elle n'acceptera de faire aucune concession. Elle impose son amour au mari pour satisfaire ses désirs. Elle n'hésitera pas à l'humilier, même en public, devant ses

parents ou ses amis pour se donner de l'importance. Vathy était sans doute de cette catégorie. Est.1 :12
5. **La femme populaire.** Cette femme s'expose et s'attire beaucoup de monde. Elle aurait pu être la femme de tout le monde. A la fin, elle indispose. Elle n'a pas d'haleine pour conserver la vie au foyer.
6. **La femme capricieuse.** Elle veut jouer avec le cœur de l'homme comme un chat avec une souris. Elle aime et n'aime pas. Elle veut et ne veut pas. Dans son indécision, l'homme cherchera à la violer pour partir et lui laisser un arrière-gout de dépit et d'insatisfaction.

II. **Liste des femmes spéciales**
  1. **La femme recherchée est celle qui se fait chercher.** On doit la chercher avec autant de soin qu'on met pour s'acheter une maison à son goût.
  2. **La femme recherchée est celle qui se fait désirer.** Elle est comme un bijou précieux gardé en vitrine par son propriétaire.
  3. **La femme recherchée fait l'apprentissage de la vie de famille :**
     a. **Dans la façon de tenir les enfants.** Jeune fille, elle prend soin de son petit frère, de sa petite sœur, des enfants du voisinage ou dans l'église.
     b. **Dans la vie au foyer.** Elle sait comment tenir une maison et la garder en état de recevoir. Elle sait comment arranger son intérieur. Elle sait cuisiner et aime faire la cuisine.
  4. **Elle est capricieuse et sensuelle.** Elle crée l'attention autour d'elle par une bonne toilette mais n'expose pas sa chair en public, car elle n'a rien à publier ni à liquider.
  5. **Une fois mariée, et même avant, elle cherchera à connaitre le goût du mari.** Elle gardera la décence dans la parole, dans les vêtements et dans les relations avec d'autres garçons.

6. **Elle manifestera beaucoup de respect pour tous**, pour son mari et ses dépendants. Elle le supportera sans pour autant approuver ses erreurs.

Retenez ceci : Si la jeune fille trompe ses parents pour vous plaire, il est bien probable qu'elle vous trompera un jour en faveur d'un autre.

Conclusion

Jeune filles, jeune femmes, faites-vous rares pour être recherchées. Faites-vous bonnes pour être renommées. Faites-vous simples pour être admirées. Restez cachées en Dieu pour être sollicitées.

Questions

1. Citez les femmes en général
   __ La femme facile _ indifférente _ bavarde _ laborieuse _ superficielle_ orgueilleuse _ bonne__ vaniteuse _ capricieuse
2. Trouvez ici les femmes spéciales
   _ la femme réservée _ la femme coquette _ la femme bien éduquée __ la femme autoritaire __ _ La femme qui murmure.
3. Vrai ou faux
   a. Pour qu'une femme soit aimée, elle doit remplir une application __ V __ F
   b. Pour qu'une femme soit désirée, elle doit s'habiller à la légère __ V __ F
   c. La bonne femme est celle qui se prépare chez ses parents __ V __ F
   d. La mauvaise femme cherche à avilir son mari _ V_ F
   e. La femme intelligente profite du mari quand il est riche et l'abandonne quand il est pauvre __ V __ F
   f. La bonne femme n'existe pas, elle est le produit des circonstances. __ V __ F
   g. La bonne femme est un don de Dieu. __ V __ F

Leçon 12   La femme, l'épouse et la mère

Textes de préparation : Ge.2 : 18-24 ; 30 : 1-24 ; 29 : 29-35 ; Ec.7 :28 ; 9 :9 ; 1Pi. 3 :1-7
Texte à lire en classe : Ge.2 :18-24
Verset à mémoriser : Or, de même que l'Eglise est soumise à Christ, les femmes aussi doivent l'être à leur mari en toutes choses. **Ep.5 :24**
Méthodes : discours, comparaisons, questions
But : Aider les femmes à mieux remplir leur rôle de mère et d'épouse.

Introduction
1+ 1+ 1= 1.Une plus une, plus une, plus une, égalent une. Est-il vrai qu'on peut fondre les trois en une seule ? Là, il nous faut recourir aux définitions. Et pour mieux éclairer notre contexte, vous allez certes vous limiter à notre point de vue et vous en contenter.

I. Définition
1. La femme : C'est celle qui est rendue telle par sa relation avec un homme.
2. L'épouse : C'est la femme liée à un homme par un engagement solennel constaté par devant un officier ministériel.
3. La mère : C'est celle qui a donné naissance à un ou plusieurs enfants.
4. Ceci dit, voyons leur rôle respectif dans la partition sociale et la possibilité de les fusionner en une seule.

II. Rôle :
1. **Ce que la femme n'est pas**
   a. Elle n'est pas un boss pour dicter la tache au mari.
   b. Elle n'est pas une esclave ni une bête de somme pour subir tous les caprices d'un homme.

2. **Ce qu'elle est** :
   a. Un être semblable au mari qui se mesure à lui au vertical comme à l'horizontal. Ge.2 : 18
   b. Une aide au mari. L'un complète l'autre. Et c'est la base du progrès au foyer. 1Pi.3 :7b
   c. Une associée de l'homme dans les combats de la vie. Ge.2 :18
   d. C'est son amie en qui il peut placer sa confiance. Ec.9 :9

3. **L'épouse**
   a. C'est la source pure où l'homme va puiser les délices de l'amour. C'est sa compagne de table, de salon et de chambre pour former avec elle une seule chair. Ge.2 :24 ; Ec.9 :9
   b. L'époux qui voit seulement le sexe dans la femme ne la connaitra jamais. Ec.7 :28
   c. En entrant dans la communion conjugale avec son époux, la femme doit oublier, même pour un instant, que la terre existe. Le mari qui n'a pas de temps pour sa femme, compromet son rôle d'époux. Et le feu au foyer peut s'éteindre. Ec.9 :9

4. **La mère**
   a. La mère est celle qui donne naissance à un ou plusieurs enfants.
   b. Dans le mariage équilibré, la mère partage son affection entre le père et l'enfant. Cette affection pour le père peut diminuer quand un nombre élevé d'enfants sollicite l'attention de la mère, exception faite pour les femmes orientales. Léa, parlant de Jacob, dira : « Pour cette fois, mon mari s'attachera à moi car je lui ai donné trois fils. Autres temps, autre mœurs. Ge.29 :34

III. **Comment fondre en une seule la femme, l'épouse et la mère** ?
   1. La femme doit bien jouer son rôle d'épouse au risque de perdre son époux.

2. Elle doit se rappeler des goûts du mari pour les satisfaire. Elle doit lui avouer son état d'âme et son état physique si elle ne peut répondre chaque jour aux besoins sexuels de l'homme.
3. Elle doit s'asseoir avec son mari pour toutes les décisions à prendre dans le ménage.
4. La femme doit féliciter son mari pour tous ses efforts déployés en vue de pourvoir aux besoins de la famille. L'épouse doit glorifier son époux pour l'amour qu'il lui prodigue et la mère doit dire au mari comme elle est fière d'avoir un bon papa pour ses enfants.

Conclusion

Ainsi en fusionnant la femme, l'épouse et la mère, nous avons la femme complète dans sa vocation de femme.

Questions

1. Cochez le vrai but de cette leçon.
   a. Apprendre aux femmes à dominer leur mari.
   b. Renverser l'ordre dans les foyers.
   c. Aider les femmes à mieux remplir leur rôle de mère et d'épouse.
2. Trouvez la réponse appropriée :
   a. La femme est la propriétaire de tous les hommes
   b. La femme est la maitresse de plusieurs hommes
   c. La femme est celle qui est rendue telle de par sa relation avec un homme.
3. Trouvez la réponse appropriée.
   a. L'épouse est celle qui sait chanter des romances
   b. L'épouse est une femme de salon
   c. L'épouse c'est la source pure où l'époux jouit des délices de l'amour.
4. Trouvez la réponse appropriée
   a. La mère est l'Océan Pacifique.
   b. La mère est le magistrat de la ville
   c. La mère est celle qui a donné naissance à un ou des enfants.
5. Vrai ou faux
   a. Pour confondre la mère à l'épouse, il faut un haut fourneau.
      __ V __ F
   b. Pour confondre la mère à l'épouse, il faut mieux interpréter les rôles dans le foyer.
      __ V __ F
   c. La mère doit être mariée pour porter des enfants. __ V __ F
   d. La femme est responsable du train de la maison. __ V __ F
   e. Il est idéal que les enfants partagent la chambre des parents.
      __ V __ F

Récapitulation des versets

Leçons   Sujets   Textes d'or

1. Esther et sa beauté cachée   Pr.31 :30
   La grâce est trompeuse et la beauté est vaine ; la femme qui craint l'Éternel est celle qui sera louée.

2. Esther et ses pensées cachées   Ps. 39:2
   Je disais : je veillerai sur mes voies, de peur de pécher par ma langue ; je mettrai un frein à ma bouche tant que le méchant sera devant moi.

3. Esther et le contrôle caché du roi. Ps.60 :14
   Avec Dieu nous ferons des exploits. Il écrasera nos ennemis.

4. Esther et son éducation cachée.   Pr.31 :26
   Elle ouvre la bouche avec sagesse et des instructions aimables sont sur sa langue.

5. Esther et sa vie spirituelle cachée.   Est.4 :16b
   Moi aussi, je jeûnerai de même avec mes servantes, puis j'entrerai chez le roi, malgré la loi, et si je dois périr, je périrai.

6. Esther et sa connaissance des lois cachée Ps.46 :12
   L'Eternel des armées est avec nous, le Dieu de Jacob est pour nous une haute retraite.

7. La vraie beauté d'Esther révélée. Ps.25 :21
   Que l'innocence et la droiture me protègent, quand je mets en toi mon espérance.

8. La victoire d'Esther dévoilée.   2Co.10 : 4

Car les armes avec lesquelles nous combattons ne sont pas charnelles ; mais elles sont puissantes, par la vertu de Dieu pour renverser des forteresses.

9. La fidélité de Dieu dévoilée   Ex.17 :16
Parce que la main a été levée sur le trône de l'Eternel, il y aura guerre de l'Eternel contre Amalek de génération en génération.

10. Comment maitriser un mari   1Pi.3 : 1
Femmes, que chacune soit de même soumise à son mari, afin que si quelques-uns n'obéissent point à la parole, ils soient gagnés sans parole par la conduite de leur femme.

11. La femme recherchée
Qui peut trouver une femme vertueuse ? Elle a bien plus de valeur que les perles. Pr. 31 :10

12. La femme, l'épouse et la mère.   Ep.5 :24
Or, de même que l'Eglise est soumise à Christ, les femmes aussi doivent l'être à leur mari en toutes choses.

Tome 8 - Série 3

Jésus et Son Leadership

Avant-propos
Ce sujet vous est présenté aujourd'hui sur la demande expresse d'une pléiade de pasteurs et finalement, de frère Diony, un serviteur de Dieu aussi curieux que Théophile, le correspondant de Saint Luc, ce chercheur insatiable sur la christologie du logos. Je ne vais rien leur dire qu'ils ne sachent auparavant. Mon seul devoir est de cataloguer les œuvres du Seigneur d'une manière systématique en vue de rendre service à nos associés dans le ministère et à vous aussi, mon bien-aimé. Pourquoi pas?
Cependant, je serai direct et d'ailleurs, le verbiage n'est pas mon fort. Mon Seigneur ne parlait pas beaucoup ; il inspire les écrivains et les savants, les penseurs et tous les hommes de bonne volonté. Venez avec nous, venez apprendre à son école. Croyez-moi, vous aurez toute la chance d'être gradué avec la mention summa cum laude.

Leçon 1 Le leadership de Jésus dans l'enseignement

Texte pour la préparation: Né. 13:24; Osée.4:6; Mt.4:1-10; 9:8-12;10:1-5; 11:28; 27:46; 28:17; Lu.5:5; 6:39-40;10:1; 21:15; Jn.12:4-6; 20:21; Hé.2:4; Phil.2:9
Verset à lire en classe: Mt.11:25-30
Verset à réciter: «Le disciple n'est pas plus que le maitre; mais tout disciple accompli sera comme son maitre». Lu.6:40
Méthodes: Discussion, comparaisons, questions
But: Présenter Jésus-Christ comme le plus grand doyen

Introduction
La valeur d'une Ecole n'est pas dans sa dimension physique mais dans la compétence de son directeur. Pour la première fois de ma vie, je vois une Ecole sans établissement physique et sans enseigne. Pourtant, le doyen était un grand pédagogue. Jésus est son nom. Voyons comment il procède.

I. Sa méthode d'inscription.
1. Il recrute ses étudiants parmi les gens qui n'ont rien à perdre et rien à regretter. C'étaient :
   a. Des pêcheurs fatigués de la vie, sans succès dans leurs petites entreprises. Lu.5:5
   b. Des gens indignes et méprisables : Un Mathieu, un Judas, des voleurs réputés. Mt.9:9-12; Jn.12:4-6

II. Sa clientèle.
Il ouvre un registre d'inscription accessible à tous, que vous soyez bons ou méchants, riches ou pauvres, criminels ou victimes, innocents ou coupables, intellectuels ou ignorants. Et j'ajoute les drogués, les prostitués, les rejetés, ceux-là qui sont dégoutés de la vie. Tous sont qualifiés et reçus comme boursiers à l'Ecole du Seigneur. « Car il ne vient pas appeler à la repentance des justes mais des pécheurs.» Mt. 11:28 Lu.5 :32

III. **Sa discipline.** Mt.11:29
C'est à la direction et non aux étudiants, qu'il revient de choisir le matériel d'enseignement, d'établir une discipline et d'imposer un curriculum. On ne peut être à temps partiel avec Dieu et à temps partiel avec Satan. Ils n'ont pas le même programme. Leur but est différent. La destination des étudiants aussi est différente. Jésus prévoit le ciel pour eux. Satan, au contraire, les attire vers l'enfer.
1. Jésus dispense des cours intensifs à Douze élèves qu'il appelle «apôtres». Mat.10: 1-5
2. Il dispense aussi des cours aux disciples à temps partiel, et les envoie aussi en mission. Lu10:1
3. Il avait enfin une multitude de disciples. Ceux-là étaient seulement de simples adhérents, des fanatiques pour ainsi dire. Lu.19:37

IV. **Il tient à les graduer suivant leur compétence**.
En ce sens, il tient à se reproduire dans les autres. Lu.6: 39-40
Par-là, il nous enseigne ceci :
1. Chaque moniteur et chaque élève doivent avoir l'ouvrage.
2. Si les gens ne savent pas lire, pour Jésus, ce n'est pas une excuse. Ils ont le droit de savoir ce qui est écrit.
    Mt.4 :4, 7, 10 ; 24 :15
    a. Car «Mon Eglise» est détruite faute de connaissance, donc faute de livres et faute de leadership». Osé.4:6 amplifié.
    b. Et pourquoi ne pas ouvrir un Centre « Apprenons le créole » au profit des illettrés et des fils de la Diaspora ? Vous leur passerez ainsi la langue de leurs ancêtres ! C'était le reproche de Néhémie aux juifs revenus de la Diaspora babylonienne sous Artaxerxès Longue-main, roi de l'Empire Perse. Né.13:24

VI. **Il les envoie en mission avec la même capacité.**
« Comme le Père m'a envoyé, moi aussi je vous envoie ». A vous de faire de même. Si les apôtres avaient gardé le message

pour eux, on n'aurait aujourd'hui ni pasteurs, ni moniteurs, ni fidèles, ni Eglises. Si Pierre était le seul gradué, le message resterait en Galilée et n'atteindrait jamais le bout du monde. Mt. 28:18; Jn.20:21

Conclusion

N'attendez pas autrement de lui pour votre formation. Prenez son livre, prenez son joug, prenez ses examens sans murmurer et sans tarder. Puis, attendez la graduation dans l'éternité.

Questions

1. Qui sont admis à l'Ecole de Jésus-Christ?
   Tous ceux qui veulent
2. Qui choisit les examens? Dieu
3. Dites combien Jésus avait de disciples: _ 12_ 70 _ une multitude.
4. Quel est le degré de l'Ecole
   Le même degré que celui du doyen
5. Qui doit avoir de livre dans son Ecole?
   Tous. Professeurs et élèves
6. Qu'est-ce qui détruit les églises?
   Le manque de leadership, de connaissance et de livres
7. De quoi le développement d'une Eglise dépend-elle?
   Du St Esprit et de la qualité de son leadership.
8. Où se tient Jésus dans nos heures d'épreuves ?
   Avec nous et en nous.

Leçon 2 Le leadership de Jésus dans l'inspiration

Texte pour la préparation: Esa.6:18; Mt.28:19-20; Lu.10:2; Jn.4:35; Ac.5:28
Verset à lire en classe: Mt.28:16-20
Verset à réciter: «Voici, je vous le dis, levez les yeux et regardez les champs qui déjà blanchissent pour la moisson» **Jn.4:35**.
Méthodes: Discussion, comparaisons, questions
But: Montrer le grand défi devant lequel Jésus-Christ met tous ses disciples.

Introduction
Dans tout bon système pédagogique, il vous faut passer de la théorie à la pratique. Le bon leader entraine les étudiants dans le champ d'application.

I. Jésus offre aux disciples des opportunités à saisir. Jn. 4:35. Il veut leur rappeler que trois choses ne reviennent jamais: le passé, le temps et l'opportunité. Il vous faut oublier le passé, racheter le temps et saisir l'opportunité.

II. Plus tard, il leur fera sentir la nécessité de s'engager dans la Grande Moisson en péril faute d'ouvriers disponibles, mobiles et déplaçables.Lu.10 :2

III. Enfin, il distribuera la tache aux douze gradués. Il les enverra à la conquête du monde. Mat.28:19-20
Leur mission comprenait deux phases.
1. Première phase: Former des disciples avec une préparation élémentaire en vue du baptême. Mat.28:19
2. Deuxième phase : Former des pasteurs, des évangélistes, des docteurs, des apôtres en leur apprenant tout ce qu'il leur avait prescrit. Ici, il faut couvrir le curriculum établi par l'Université du Seigneur. Mat.28:20 Imaginez-le ainsi: Les étudiants étaient assidus à la Faculté pendant trois ans d'affilé, soit 1095 jours.

a. Avec un régime de 8 heures de travail par jour, ils ont couvert 8760 heures de classe. Imaginez que leur stage durait trois heures par jour, ils auraient été dans les champs pour 3285 heures d'expérience. Soit un total de 12,045 heures en trois ans.
b. Les disciples étaient vidés d'eux-mêmes et remplis de son enseignement. Leurs adversaires ont même témoigné qu'ils en ont rempli Jérusalem. Ac.5:28
c. Comparez-les avec nous autres avec une heure d'étude biblique et une heure de classe à l'Ecole du Dimanche par semaine. Cela vous fait un total de 104 heures d'éducation par année, soit 312 heures en trois ans. Et combien d'heures de stage avons-nous couvertes dans l'étude de la Bible et dans l'évangélisation?... Vous comprenez pourquoi nous ne sommes pas prêts à aller au bout de la ville. Quant à aller au bout du monde, n'en parlons pas.

Conclusion

Leaders chrétiens, cessez de blâmer le prophète Jonas pour sa désobéissance. Allez dans les champs avec eux. Vous m'en donnerez des nouvelles.

Questions

1. Qu'est ce qui ne revient jamais?
   Le passé, temps et l'opportunité
2. Que doit-on attendre d'un bon système pédagogique ?
   Il faut passer de la théorie à la pratique.
3. Combien d'heures d'études approximativement avaient pu couvrir les disciples? 8,760 heures
4. Combien d'heures de stage probables ?
   3,285 heures
5. Combien de phases étaient comprises dans la Grande Commission? Deux phases
6. En quoi consistait la première phase ? Le catéchisme en vue du baptême
7. En quoi consistait la deuxième phase ? Les Ecoles bibliques et les facultés théologiques.
8. D'où vient notre manque de zèle missionnaire ? De notre manque de consécration et de préparation.

Leçon 3 Le leadership de Jésus dans les relations humaines

Texte pour la préparation: Ge.12:16; Lé.13:45; 15:9; 1S.2:8; 1Ch. chap.29; Mt.15:19-20; Mc.12:41-44; Lu.8:1-3; 18: 35-42; 19: 1-10; Jn.1:17; 8:1-11; 14:30
Verset à lire en classe: Mc.12:41-44
Verset à réciter: «Si vous saviez ce que signifie: Je prends plaisir à la miséricorde et non aux sacrifices, vous n'auriez pas condamné les innocents.» **Mt.12 :7**
Méthodes: Discussion, comparaisons, questions
But: Montrer son intervention dans notre vie

Introduction
Jésus ne vit pas en pauvre ni en riche non plus, mais, en tant que leader, il participe à la vie de tous pour rétablir l'équilibre social. Et vous allez vous poser ces questions :

I. **Pourquoi ses remarques sur l'offrande de la veuve?**
   1. Il a voulu démontrer que les plus grands contribuables ne sont pas forcément les riches, mais les gens de toutes les conditions ayant leur cœur attaché à Dieu, riches ou pauvres. Mc.12:42
   2. Ce sont encore les gens conscients de leurs expériences si profondes avec Dieu qu'ils croient devoir lui payer un tribut de reconnaissance, comme par exemple Marie de Magdala de laquelle étaient sortis sept démons. Lu.8:2
   3. Ce sont enfin les gens instruits dans la Bible sur la manière de donner et sur ce qu'ils doivent donner. David en était un. 1Ch.29 :9-10

II. **Pourquoi accorde-t-il son attention à Bartimée, un rebut de la société ?** Lu.18 :40
   1. Il veut démontrer à ses opposants que, devant Dieu, l'âme du pauvre est à ses yeux, aussi précieuse que celle du roi. En effet il a payé le même prix pour les deux à la croix du Calvaire. Jn.19:30

2. Jésus voulut restaurer la dignité de tous. C'est pourquoi immédiatement après son contact avec le pauvre Bartimée il entra chez Zachée, un marginalisé social, un paria. Et il ajouta: celui-ci est aussi un fils d'Abraham, par conséquent, un enfant de la promesse comme vous.

III. **Pourquoi affranchit-il la femme adultère? Jn.8:7**
1. Il n'approuve pas l'adultère ; il le hait au contraire, mais il aime le coupable. Il veut démontrer qu'aux yeux de Dieu, son péché n'est pas plus condamnable que les autres, car tous l'ont conduit à la croix.
2. Il voulut accuser la conscience des pharisiens. En effet, ces gens étaient aussi coupables devant Dieu que cette femme ; par conséquent, ils méritaient mieux qu'elle d'être lapidés d'autant plus que tous, ils connaissaient la Loi. Jn.8:5

IV. **Pourquoi accepte-t-il d'être touché par une femme atteinte de dysménorrhée sans que celle-ci soit punie?**
Dans l'Ancien Testament, son impureté l'aurait écartée, même de ses proches. Lé.15:9; Mc.5:25
1. Jésus voulut retirer du fumier l'indigent pour le faire asseoir avec les grands. 1S.2:8
2. Il voulut réhabiliter la femme qui ne sera plus une chose, un bien meuble de l'homme. Ge.12:16
3. Il voulut démolir le légalisme de Moise qui n'a plus sa place dans la Nouvelle Alliance en son sang. Jn.1:17

V. **Pourquoi guérit-il les lépreux**, ces gens humiliés dans leur condition quand ils doivent avouer en public leur maladie ? Jésus voulut démontrer que le vrai mal n'affecte pas la peau mais le cœur. La vraie impureté se manifeste par les adultères, les vols, les faux témoignages et les blasphèmes. Et pourtant, les pharisiens gardent le silence sur ces péchés qui tuent l'âme. Lé.13 :45 ; Mt.15 :19-20

Remarques :
Jésus agit comme un catalyseur. Il habite en nous mais ne participe pas à nos vices. Il s'est fait chair, mais n'a jamais commis le péché de la chair. Il dira «Le prince de ce monde vient et il n'a rien en moi». Jn.14 :30 Le vrai leader élève les humbles, met en confiance les pécheurs repentants. Autrement, ils ne seront pas confortables sous votre leadership.

Conclusion
Comme Jésus, le bon leader doit, observer le comportement des hommes sans pour autant les imiter. La société sera changée par l'influence de notre personnalité et l'empreinte de notre caractère chrétien.

Questions
1. Trouvez parmi ces gens les plus grands contribuables dans l'église : __ les gens instruits sur la manière de donner __ les pauvres __Les millionnaires __ les gens qui ont un cœur __ les gens consacrés au Seigneur
2. Soulignez les vraies raisons de l'amour de Christ envers Bartimée
    a. Il était le cousin de Bartimée
    b. Il était aussi pauvre.
    c. Il aimait le monde
    d. Il veut sauver tout le monde
3. Cochez les vraies raisons de sa visite chez Zachée.
    a. Il avait besoin de l'argent
    b. Il avait un besoin urgent d'aller à la toilette
    c. Il voulait sauver le plus vil pécheur.
4. Trouvez la meilleure réponse.
    Jésus s'intéressait aux femmes
    a. Parce qu'il recherchait une femme
    b. Parce qu'Il voulut réhabiliter la femme longtemps chosifiée
    c. Parce qu'il a payé le même prix pour le salut de tous, hommes et femmes.

d. Parce que l'Eglise est sa femme. Il voulut se limiter à une seule.
5. Dites comment Jésus a agi ici.
   Comme __un catalyseur _ un spectateur __un farceur
6. Que veut dire ici catalyseur?
   Quelqu'un qui provoque une réaction sans pour autant y participer lui-même.
7. Vrai ou faux
   a. Tous les pauvres iront au ciel __ V __ F
   b. Devant Dieu il n'y a pas de gros ou de petits péchés. __ V __ F
   c. L'Evangile est seulement pour les pauvres, les voleurs et les prostitués _ V _ F
   d. L'Evangile est pour tout le monde. _ V _ F

Leçon 4 Le leadership de Jésus dans la réhabilitation de l'homme

Texte pour la préparation: Mal.3:10; Mt.5:3-12; 12:20, 50; 9:9; 23:8; Lu.20:25; Jn.3:10; 9:28, 34,39; 14:3; Ac.2:39; 2Co.5:17; 1Jn.1:7
Verset à lire en classe: Mt.5:1-16
Verset à réciter: Heureux serez-vous lorsqu'on vous outragera, qu'on vous persécutera et qu'on dira faussement de vous toute sorte de mal, à cause de moi. Réjouissez-vous et soyez dans l'allégresse parce que votre récompense sera grande dans les cieux. Mt.5:11-12a
Méthodes: Discussion, comparaisons, questions
But: Montrer que Jésus ne néglige personne dans son plan de rédemption.

Introduction
Le Christianisme nivelle les conditions socio-spirituelles. L'homme et la femme, Le riche et le pauvre, l'ignorant et le savant, le juge et le condamné, tous ont péché et doivent accepter le verdict du calvaire pour leur rédemption. On peut bien ici le remarquer :

I. **Jésus restaure les humbles**. Mt.5:3
    Esaïe dit «qu'il ne brisera pas le roseau cassé et n'éteindra pas le lumignon qui fume» Mt.12:20
    Ainsi avec Jésus, il y a de l'espoir. Jn.14:3

II. **Il console les affligés.**
    1. Remarquez comment l'aveugle-né était outragé, parce qu'il témoignait pour Jésus-Christ. Jn.9 :28, 34
    2. Quand Jésus le rencontra, après sa guérison, il se fit connaitre à lui comme le Fils de Dieu. Il crut en lui et l'adora. C'est alors que Jésus lui confia la raison de sa complète réhabilitation en disant : « Je suis venu dans ce

monde pour un jugement, pour que ceux qui ne voient point voient ». Jn.9:35-39

3. Mathieu, le publicain était haï de ses compatriotes juifs parce qu'il collectait d'eux les taxes pour le gouvernement romain. A l'appel de Jésus, il abandonna son poste pour le suivre. Il en était temps. Jésus l'a restauré. Dès lors, plus de stress, de pression et d'insomnie. Mt.9 :9

III. Il donne de l'espoir aux exploités.
1. Lorsque vous payez les taxes à l'Etat, vous accomplissez votre devoir civique. Mais lorsque le gouvernement exonère les riches des taxes qu'il exige de tout le monde, Jésus vous recommande de payer les taxes sans discussion. D'un autre côté, il vous demande de remettre à Dieu ce qui lui revient : Votre vie et vos dîmes. Des bénédictions du ciel vous attendent pour récompenser votre foi. Mal.3 :10 ; Lu.20 :25

IV. Il donne de l'assurance aux persécutés.
1. Il vous demande de vous réjouir parce que votre récompense sera grande dans les cieux. Cependant, il y a des conditions :
    a. Il faut que vous soyez persécuté pour la justice. Mt. 5:10
    b. Qu'on dise faussement de vous toutes sortes mal à cause de l'Evangile. Mt. 5:11-12

V. Il a payé le même prix pour le salut de tous.
1. Il sauve ceux qui viennent à lui par la foi. Mt.11 :28 ; Hé.7 :25
2. Sur la croix, il a fait provision pour tous ceux-là que Dieu appellera par notre canal. Ac.2 :39

VI. Sa Banque de sang est à la disposition de tous les hommes sur la planète. Il est le donneur universel ; il suffit de venir à lui, qui que vous soyez, pour que votre vie soit complètement changée. Jn.3 :16 ; 1Jn.1 :7

VII. Il en a fait de nouvelles créatures. 2Co.5 :17

Dès que son sang est en vous, tous ceux du même sang, sont vos frères de sang, destinés à la vie éternelle dans le même ciel avec le même Dieu. Mt.12 :50 ; 23:8

Conclusion

Leaders chrétiens, servez tous vos membres sans discrimination. A l'hôpital, au tribunal, au bureau de l'Immigration, dans les cas imprévus et de mortalité, répondez «présents.» Vos actes de leadership seront plus éloquents que vos plus beaux sermons.

Questions

1. Comment Dieu voit-il les hommes?
   Ils ont tous la même valeur à ses yeux.
2. Pourquoi?
   Parce qu'il a payé le même prix pour les sauver tous.
3. Qu'a-t-il fait aux humbles? Il les élève.
4. Aux affligés? Il les console.
5. Aux exploités? Il leur donne de l'espoir
6. A quelle condition le persécuté pourrait-il être heureux?
   a. Il faut qu'il soit persécuté pour la justice
   b. Il faut qu'il soit persécuté à cause de l'Evangile
7. Si Jésus était une Banque de Sang, quel nom lui donneriez-vous? Donneur Universel
8. Quel est le changement produit en l'homme par le sang de Jésus?
   Il devient une nouvelle créature.
9. Que deviennent tous les hommes qui ont en eux ce sang? Ils sont tous   frères en Jésus-Christ.

Leçon 5 Le leadership de Jésus dans l'émancipation

Texte pour la préparation: Lé.13:45; Ps.68:19; Mc.5:27-34; 8:22-26; Lu.4:18-19; 5:20; 7:36-39; 18:40; 19:9; 23:39-43; Jn.8:1-12 ; 9 :6-11; Ro.3: 23; 1Th.1:13; Hé.12:14
Verset à lire en classe : Lu.4 :18-19
Verset à réciter : « Si donc le Fils vous affranchit, vous serez réellement libres ». Jn.8 :36
Méthodes : Discussion, comparaisons, questions
But : Montrer que l'homme réellement libre est celui qui a accepté Jésus-Christ comme Sauveur personnel.

Introduction
Le leader a un objectif clairement défini. Celui de Jésus est énoncé en ces termes : « L'Esprit du Seigneur est sur moi et il m'a mandaté pour une mission spéciale ». Voyons-le en détail. Lu.4 :18-19

I. **Chercher et sauver les perdus.**
Il offre un secours d'urgence au paralytique : « Tes péchés te sont pardonnés. Lu.5 : 20

II. **Il se laisse approcher des pauvres**, des mendiants, des aveugles. Lu.18:40. Il entra chez des gens sans réputation pour leur offrir le salut.

III. Il cherchait et cherche encore les aveugles nés, les femmes adultères, les possédés de démons, les femmes chosifiées.

IV. **Il délivre les captifs**
  1. Les lépreux étaient des prisonniers moraux parce qu'ils devaient s'isoler à cause de leur maladie contagieuse. Jésus les guérit et les réintègre dans la société. Lé.13 :45
  2. Les prostituées étaient considérées comme des captives de leur métier. Dans le récit de Jean, la seule coupable était

cette femme. Peut-on commettre l'adultère tout seul ? Pourquoi était-elle la seule à être amenée à Jésus ? Jn.8 :3-4
3. Jésus lui donne décharge de sa conduite en la mettant en garde de ne plus recommencer. Jn.8:11
4. Plus tard, il va motiver les pécheurs de sa catégorie en disant aux pharisiens que « les publicains et les prostituées les devanceront dans le royaume de Dieu ». Mt.21 :31

III. **Accorder la vue aux aveugles.**
1. Les aveugles physiques.
   Lu.7 :21. Mc.8 : 22-26 ; Jn. 9: 6-7, 11
2. Les aveugles spirituels. Jésus ouvre les yeux des disciples d'Emmaüs sur le mystère de la résurrection. Lu.24 :31,45
3. Il ouvre les yeux de Paul sur le royaume de la grâce au jour même de sa conversion au Christianisme. 1Thes. 1:13

IV. **Proclamer une amnistie générale**
1. C'est le propre des rois, à leur avènement, de visiter les prisons et libérer les criminels de droit commun. Jésus, en tant que roi, vient libérer tous les prisonniers de Satan le Diable. Sachez le bien, tous les impénitents sont en liberté provisoire. « Car tous ont péché et sont privés de la gloire de Dieu. » Ps.68 :19 ; Ro.3 :23 ; Lu.5 :20 ; Hé. 12:14
2. Remarquez le bien, juste à la dernière minute, il sauva le bon larron sur la croix. Lu.23 :39-43
3. Ce que nous sommes en Christ détermine notre leadership. Moise n'avait pas besoin d'une drague pour ouvrir la Mer Rouge ni David d'une armure de fer pour vaincre Goliath et libérer Israël. Ils sont tout simplement des libérateurs ! Ex.14 : 16 ; 1S.17 :48

Conclusion
Leaders chrétiens, mettez votre honneur à mériter confiance. Défendez l'idéal : « Christ l'espérance de la gloire ». Bientôt, vous partagerez la gloire de Jésus-Christ avec tous les rescapés de l'enfer.

Questions

1. Citez ici quatre missions du Seigneur.
   a. Sauver les pécheurs
   b. Guérir les aveugles
   c. Délivrer les prisonniers
   d. Publier une amnistie générale
2. Citez un captif
   La femme adultère
3. Donnez deux exemples d'aveugle spirituel. Les disciples d'Emmaüs
4. Vrai ou faux
   a. Jésus est venu fermer les prisons _ V __ F
   b. Jésus a voulu tolérer les pécheurs _ V_ F
   c. Jésus est venu pour combattre la discrimination. _V __ F
   d. Jésus a sauvé le bon larron à la dernière minute _V __ F
   e. Tous les hommes sans Dieu sont en liberté provisoire __ V __ F

Leçon 6 Le leadership de Jésus comme Maitre

Texte pour la préparation: Mt.4:1-10; 22: 15-46; Lu.23:8-9; 24:6; Jn.3:2,35; 6:27; 8:29; 16:32; 19 : 10-11,25; 1Pi.5:4; Ap.9:1-3
Verset à lire en classe: Jn.3:1-7
Verset à réciter. «Rabbi, nous savons que tu es un docteur venu de Dieu; car personne ne peut faire ces miracles que tu fais si Dieu n'est avec lui.» Jn.3:2
Méthodes : Discussion, comparaisons, questions
But : Montrer comment Jésus est maitre de lui-même, des hommes et des choses.

Introduction
Du temps du Jésus, deux grandes Ecoles partageaient la renommée dans l'enseignement. C'était Hillel et Shammai. Jésus n'était étudiant dans aucune d'elles. Et pourtant, on l'appelait Rabbi, maitre. Où avait-il obtenu sa maitrise ? Jn.3 :2

I. D'abord : de son Père
1. Il prie le Père et en fait référence en tout temps. Jamais il n'a essayé de l'ignorer.
2. Il lui obéit sans réplique sachant bien que, pour être leader, on doit d'abord apprendre à obéir. Jn.8 :29
3. Le Père l'a marqué de son sceau. Il est donc diplômé et mandaté pour son rôle. Jn.6 :27
4. Voilà pourquoi le Père remet toutes choses entre ses mains. Jn.3 :35

II. Ensuite, en lui-même.
Jésus s'impose. Il tire ses ressources en lui-même. C'est pourquoi il a passé le test des quarante jours dans le désert où il fut tenté par le diable. Rien ne peut le dévier de sa mission. En tant que leader,
1. Il a maitrisé le démon de la chair, de la convoitise des yeux, de l'orgueil de la vie. Mt.4 :1-10

2. Il a maitrisé la ruse des pharisiens qui voulaient toujours l'éprouver. Mt.22 :15, 34,46
3. Il est resté égal à lui-même devant la moquerie d'Hérode. Il ne fit aucune réponse à ce tigre assoiffé de sang. Lu.23 :8-9
4. Il ne fut pas intimidé devant les menaces de Pilate sachant qu'il est maitre de la planète. Jn.19 :10-11
5. Il a maitrisé la mort, le séjour des morts. Il est la résurrection et la vie. Il en donne une preuve à la résurrection de Lazare et bientôt par sa propre résurrection. Jn.11 :25 ; Lu.24 :6
6. Il enchainera Satan dans le puits de l'abime. Ap.9 :1-3

Conclusion

Leader, soyez maitre de vous-mêmes. Votre sang-froid, votre jugement sûr, sont des soupapes[21] de sureté pour le fidèle devant les moments critiques, les cas imprévus, les incidents regrettables. Un seul mot de vous suffira pour rétablir le calme.

Questions

1. Quelles étaient les deux plus grandes Ecoles théologiques du temps de Jésus ? Hillel et Shammai
2. Où Jésus avait-il obtenu sa maitrise ? D'aucune.
3. D'où Jésus tire-t-il sa force ?
De son Père céleste, de lui-même.
3. Quelle était l'expérience de Jésus durant ses quarante jours dans le désert ?
Il était tenté par le Diable.
4. Qui cherchait toujours à l'éprouver ?
Les pharisiens
5. Comment a-t-il répondu aux moqueries d'Hérode ? Par le silence

---

[21] Soupape de sureté. Ce qui permet d'empêcher un bouleversement

Leçon 7 Le leadership de Jésus face à l'incompréhension

Texte pour la préparation: Ps.89:28;Mt. 21: 5: 14, 41; 1-7; Mc.4:41; Lu.17:21; Jn.1:14; 6: 48-66; 8: 1-12; 14:20-28; 1Ti.6:16; Col.1: 16; 2: 9-10; Hé. 7:25; 1Jn.4
Verset à lire en classe: Col.1:15-23
Verset à réciter. Il est l'image du Dieu invisible, le premier-né de toute la création. Col.1:16
Méthodes: Discussion, comparaisons, questions
But: Présenter Jésus-Christ dans la manifestation de sa puissance comme Fils de Dieu.

Introduction

Peut-on comprendre un leader? Peut-être oui. Mais peut-on comprendre le vrai leader? En vérité, non. Il n'est pas là pour être compris. Il est là pour être cru et obéi. Jésus va demeurer incompris jusqu'au jour de la complète révélation de sa personne.

I. Il est incompris dans son essence

1. Il était parmi nous parfaitement homme et **parfaitement Dieu** Il lui fallait fusionner ces deux natures **parfaitement** pour sauver **parfaitement** ceux qui s'approchent de Dieu par lui. Col.2:9 ; Hé.7:25
2. En vue d'habiter parmi nous, La Parole de Dieu s'est faite chair, mais elle n'était pas chair. Jn.1:14
3. Ne vous embarrassez pas non plus quand la Bible dit « qu'il est le premier-né de toute la création.» Cette expression, du grec *prototokos* attribuée ici au Seigneur, a le sens d'une primauté plutôt que celui d'une origine. Ce qui apparait dans le Psaume 89:28: «Je ferai de lui, le premier-né, le plus élevé des rois de la terre». «Tout a été créé par lui et pour lui» Col.1 :16b
4. Pour établir une relation de dépendance du Père, il dit que le « Père est plus grand que lui ». C'est ici une hiérarchie d'autorité et non d'âge, car l'Esprit n'a pas d'âge. Jn.14 :28. Et « nul ne connait le Fils si ce n'est le Père, nul ne connait le

Père si ce n'est le Fils et celui à qui le Fils veut le révéler »
Lu.10 :22

II. Il est incompris dans son message
1. Après avoir fouillé la conscience des pharisiens et désarmé leur l'agressivité contre la femme adultère, il déclare : «Je suis la lumière du monde». Jn.8:12
2. Il nous donne le même titre: «Vous êtes la lumière du monde » à la seule différence « qu'il habite une lumière inaccessible que nul homme n'a vu ni ne peut voir. » Mt.5: 14; 1Ti.6:16. Et pourtant, il vit au milieu de nous.
3. Il dit qu'il vit en nous, que le royaume est au-dedans de nous. Lu.17:21; Jn.14:20; 1Jn.4:4 Voilà pourquoi il a pour nous en réserve les choses les meilleures : une meilleure résurrection, une meilleure espérance et de meilleures promesses. Hé.7 :19 ; 8:6; 10: 34; 11:35
Vous comprenez pourquoi on appelle « péché » tout ce qu'on veut dire, faire ou posséder en dehors de Jésus.

III. Il est incompris dans ses actes.
1. Dans l'exposé de sa doctrine et surtout après un miracle, il se déclare «Je suis» comme Dieu dans sa révélation à Moise. Ex.3 :14 ; Jn.6 :48
2. Pourquoi bat-il de verge les vendeurs du temple, lui le prédicateur de la non-violence ?
C'est parce le vrai leader blâme le désordre. Il vous faut dans l'Eglise des leaders courageux pour assurer la discipline. Qu'il se rappelle que Jésus ratifie dans le ciel toutes les décisions prises ici-bas dans l'intérêt de son royaume. Mt.16 :19 ; Jn.20 :23
3. Pourquoi demande-t-il aux opprimés de faire deux milles avec celui qui vous demande d'en faire un ? Le premier mille est le mille du devoir qui satisfait, le deuxième mille est le mille de l'amour qui désarme.
4. Pourquoi viole-t-il le Sabbat, cette institution sacrée pour sauver un homme ? Jn.5:18   C'est parce que, comme

leader, Jésus vient sauver l'homme mais pas un jour. Mt.11:28
5. Pourquoi s'est-il constitué notre avocat auprès du Père? 1Jn.2 :1 Les termes «jugement, tribunal, condamnation» n'auraient aucun sens si tous les hommes étaient des innocents. Si vous voulez éviter le tribunal, ne soyez jamais en faute.
6. Pourquoi ne dit-il jamais «s'il vous plait» ou «merci» pour un service sollicité? Il est Dieu, il est roi, maitre souverain de tout et de tous. Il a le Droit Divin du Roi. Il peut faire vivre ou mourir qui il veut. Jn.11:25

Conclusion
Je vous rappelle leaders, que votre autorité vient de Dieu. Elle est soutenue par le Saint-Esprit, votre personnalité et votre caractère. Soyez conséquents avec vous-mêmes, agissez avec droiture et fermeté, sachant que vous avez des comptes à rendre à Dieu au dernier jour.

Questions

1. Que dit Jésus après ses miracles ? «Je suis»…
2. Citez trois domaines dans lesquels Jésus demeure incompris : Dans son essence, dans ses actes, dans ses relations avec l'homme pécheur.
3. Pourquoi Jésus, partisan de la non-violence, claquait 'il son fouet sur   le dos des vendeurs du temple?
   a. Pour montrer sa souveraineté sur les hommes
   b. Pour nous enseigner l'intransigeance dans la discipline.
   c. Pour mettre dans l'esprit de tous que l'Eglise n'est pas un lieu de commerce.
4. Pourquoi dit-il: «Je suis la lumière du monde? Il voit tout.

Leçon 8 Le leadership de Jésus face à l'incompréhension (suite)

Texte pour la préparation: Mt. 26: 69-75; 27:57-60; Mc.6:51-52; 10:24-27; Lu.2: 7; 5:3; 19:30-31; 22:9-13; Jn.1:29; 6:56-58; 7:5; Ac.1:8, 14; 2:1-8; 1Co.13:12
Verset à lire en classe : Jn.6:56-65
Verset à réciter. Et il leur dit: «Vous êtes d'en bas; moi, je suis d'en haut. Vous êtes de ce monde; moi, je ne suis pas de ce monde.» Jn.8: 23
Méthodes: Discussion, comparaisons, questions
But : Montrer que Jésus, le leader par excellence, doit être suivi et non compris.

Introduction
Les leaders ont leur langage propre parce qu'ils ont leurs idées propres, originales, étincelantes et pénétrantes. C'est la dynamique qui mène le monde. Jésus était ce genre de leader.

I. Il est incompris dans son idéologie.
1. Il offre sa chair à manger comme la nourriture indispensable pour vivre éternellement. Jn.6 :56-58 Il a voulu leur dire de croire en lui comme l'agneau immolé pour leur salut. Ceux-là qui ne le comprennent pas, se retirent. Jn.1 :29 ; 6 : 66
2. Si votre richesse vous empêche de recevoir la Parole de vie dans vos cœurs, il vaut mieux vous en débarrasser. Mt.6 :19-21, 24 ; Mc.10 :24-27
3. Aux apôtres il dit: «Je serai avec vous tous les jours jusqu'à la fin du monde. Comment ? Par son enseignement, bien sûr, et par l'action du Saint Esprit. Mt. 18:20; 28:20
4. Et n'avait' il pas dit aux disciples «d'aller partout le monde prêcher l'Evangile?» Et pourtant ce sont des gens de par le monde qui viennent recevoir l'Evangile à Jérusalem au jour de la Pentecôte. Ainsi il n'attendait des disciples qu'un seul geste pour qu'il fasse le reste. Ac.2 :1-8

II. Il demeure incompris dans les relations humaines.

Je me demande pourquoi il a tenu à ne rien posséder ici-bas :
1. Pour sa naissance, on lui prêta une étable. Lu.2 :7
2. Pour son message sur la plage, on lui prêta un canot. Lu.5 :3
3. Pour son entrée en triomphe à Jérusalem, on lui prêta un âne. Lu.19 :30-31
4. Pour une institution si sérieuse comme la cène, on lui prêta une chambre à l'étage. Lu.22 :9-13
5. Pour sa mort, on lui donna une croix, et pour ses funérailles, on lui prêta un tombeau. Mt.27 :57-60
Par conséquent, si vous refusez d'être aidé, convenons-en, vous êtes supérieur à Jésus et vous devez, dès à présent, appliquer pour un autre ciel. Où ? Je ne sais pas.
5. Ses frères, fils de Joseph et de Marie, croyaient en son leadership seulement après sa mort, quand ils arrivèrent à découvrir son identité. Aussi les voyons-nous très assidus dans les réunions de prière avec Marie, leur mère. Jn.7 :5 ; Ac.1 :14
9. Les disciples qui mangeaient le pain et les poissons ne le comprenaient pas non plus. Leur cœur était endurci. Mc.6:51-52. Mais après son ascension, tout a changé.
   a. Les fainéants devinrent braves.
   b. Les disciples charnels devinrent de farouches défenseurs de l'Evangile. Cf. Mt.26 :75 à Ac.4 :19-20 ; 5:41
10. Nous voyons comme au travers d'un miroir, d'une manière obscure. 1Co.13:12

Conclusion

Si vous pouvez comprendre un leader, vous pourrez aussi le reproduire. Et vous pourrez aussi le «monter et le démonter.» Jésus n'est pas «démontable». Soyez comme lui. Vous resterez dignes tout en étant populaires.

Questions

1. Que veut dire « manger et boire le sang de Jésus-Christ ? »
   Accepter Jésus-Christ comme l'agneau immolé pour nos péchés.
2. A quoi Jésus veut 'il aboutir quand il dit au jeune homme riche de vendre ses biens et de le suivre ?
   L'amener à accepter l'Evangile, la vraie richesse
3. Comment comprendre Jésus quand il dit : »Je serai avec vous tous les jours ?
   Par le Saint Esprit et son enseignement
4. Pourquoi Jésus emprunta-t-il tout ce dont il avait besoin ?
   Pour que personne ne refuse de servir Dieu sous prétexte de pauvreté.
5. Quand les frères de Jésus arrivent-ils à le comprendre ? Après sa mort.
6. Pouvons-nous comprendre le vrai leader ? Jamais

Leçon 9 Le leadership de Jésus comme le Divin Modèle

Texte pour la préparation: Mt.10: 16; Lu. 6:38; 9:23; 10:1; 11:1; 22:9-10; Jn.13:15-17; Ac.7:55-60
Verset à lire en classe: Jn.13:12-17
Verset à réciter. «Si donc je vous ai lavé les pieds, moi le Seigneur et le Maitre, vous devez aussi vous laver les pieds les uns aux autres» Jn.13: 14
Méthodes: Discussion, comparaisons, questions
But: Présenter Jésus-Christ comme un leader d'exemple.

Introduction
Le leader doit être un homme d'exemple. Avant de vous dire: «Va et fais de même», Jésus avait déjà offert le modèle en lui-même:

1. Il accepte d'être baptisé par Jean pour en prêcher l'exemple. Ainsi les pharisiens et les sadducéens qui ont refusé de le faire n'ont fait qu'annuler le plan de Dieu pour eux. Lu.7 :30
2. Il expose son cours en professeur compétent et nous envoie faire notre stage. Lu.10 :1
3. Il mange chez Simon et dit aux disciples de manger ce qu'on leur donne. Il va d'ailleurs neutraliser les effets des poisons. Mc.16 : 18
4. Il se donne comme le Pain de vie au monde et nous demande de «leur donner nous-mêmes à manger » non à partir de notre carte de crédit, mais à partir des moyens du bord. Mc.6:37
5. Il lave les pieds des disciples et nous demande de faire de même. A noter que l'acte extérieur du «lavement des pieds» est un symbole d'humilité que chacun de nous est appelé à exercer envers nos frères sans exception. Jn.13 :15-17
6. Il porte sa croix et nous demande de porter la nôtre chaque jour. Lu.9 :23
7. Il n'écarte pas de son plan d'évangélisation les pauvres, les mendiants, les gens de rues. Au contraire, il nous demande d'aller et de faire pression sur les gens dans les carrefours, sur

les places publiques pour qu'ils participent à son repas. Lu.14:21-22
8. Après avoir évité la bagarre avec les pharisiens, Il prévient ses disciples de se comporter comme des brebis au milieu des loups, non par peur mais par un besoin d'écarter toute distraction devant la mission à accomplir. Soyez simples et prudents. Mt.10 :16 ; Lu.4 :28-30
8. Il se donne sans compter et invite les disciples à faire de même. Lu.6 :38
9. Le leader n'accepte pas la médiocrité. Il tend vers la perfection. Mt.5 :48
10. Il prie sans distraction au point que les disciples lui demandèrent de leur apprendre à faire autant. Lu.11 :1
11. Il meurt sans peur. Aucun des apôtres, une fois oint du Saint-Esprit, n'avait fui la mort. Ac.7 :55-60
12. Il est ponctuel et discipliné. Il met tout en ordre avant de sortir. Mc.11 :11 ; Jn.7 :8

Conclusion
Chers leaders, cessez les blâmes stériles et desséchants ! Faites le premiers pas. Vos fidèles suivront.

Questions
1. Pourquoi dit-on que Jésus est un leader modèle ?   Il prêche l'exemple
2. Donnez un exemple comme professeur
    Il envoie les disciples en mission là où il devait se rendre.
3. Donnez un exemple de prière.
    Il leur enseigna à prier «Notre Père qui es aux cieux»
4. Que fait-il avant de leur dire « Je suis le Pain de vie» ?
    Il fit la multiplication des pains.
5. Comment exerce-t-il sa démocratie ?
    Il invite tout le monde au salut.
6. Comment prépare t'il les disciples à affronter la mort?
    Il mourut lui-même sans avoir eu peur.

Leçon 10 Le leadership de Jésus dans le concept de l'immortalité

Texte pour la préparation. No.16:1-2; 1S.17: 46-47; Ec.3:11; Mt.16:21-23; Lu.9:58-62; 18:31-34; Jn. 1:29; 3.13-14; 10:28
Verset à lire en classe: Lu.18:31-34
Verset à réciter. Car il sera livré aux païens, on se moquera de lui, on l'outragera, on crachera sur lui, et, après l'avoir battu de verges, on le fera mourir; et le troisième jour il ressuscitera. Lu.18:32-33
Méthodes : Discussion, comparaisons, questions
But: Présenter Jésus comme un leader qui infuse l'idée de l'immortalité dans ses disciples.

Introduction
Le vrai leader doit penser grand. Aucun grand leader ne croit à la mort. Ils croient plutôt en un idéal, un but à atteindre. La mort viendra de toute façon, mais d'une manière héroïque.

I. Pour exemples dans l'Ancien Testament :
1. Moise n'avait pas peur d'affronter les 250 membres des principautés d'Israël quoiqu'ils fussent appuyés par quatre chefs de tribu. No.16 :1-2
2. David n'avait pas peur d'affronter Goliath. Il a vu en lui, non pas un géant, mais une attaque au prestige de son Dieu qu'il doit redresser. Goliath n'était donc plus un adversaire pour lui, mais une opportunité pour rétablir la renommée de Dieu momentanément compromise devant les païens. 1S.17:46-47

II. Dans le Nouveau Testament
1. Jésus n'avait pas peur de mourir. A l'heure indiquée par le Père, il prit résolument le chemin de Jérusalem, le rendez-vous de la mort certaine. Lu.9:51
2. Il sait que cette mort était dans son programme. Il l'a même déclaré et décrit aux disciples. Mt.16:21
3. Quand Pierre a voulu l'en dissuader, il le réprimanda en ces termes : «Arrière de moi, Satan! Tu m'es en scandale, car

tes pensées ne sont pas les pensées de Dieu, mais celles des hommes.» Mt.16:23

4. Ceux-là qui veulent le suivre doivent oublier ce qui est en arrière, c'est-à-dire les sentiments, les biens, les préférences, les amis, les choses secondaires pour s'accrocher à l'Evangile. Autrement, «vous n'êtes pas propres, dit-il, au royaume de Dieu.» Lu.9: 62

5. Paul l'a compris au point qu'il dise: « Je fais une chose: oubliant ce qui est en arrière et me portant vers ce qui est en avant, je cours vers le but pour remporter le prix de la vocation céleste de Dieu en Jésus-Christ.» Ph.3:14

III. L'idée de l'immortalité en nous.

1. Le roi Salomon a eu cette conception de l'immoralité quand il dit: «Dieu a mis en nous la pensée de l'éternité.» Ec.3:11
2. Jésus vient et la renforce en s'offrant comme «l'agneau de Dieu qui ôte le péché du monde.» Ainsi, puisque nous sommes lavés de nos péchés par son sang, nous sommes maintenant restaurés dans notre droit à l'immortalité. Jn.1: 29; 3:16
3. Je leur donne la vie éternelle et elles ne périront jamais; et personne ne les ravira de ma main. Jn.10:28

Conclusion

Leaders chrétiens, que la perspective de mourir ne nous arrête pas de faire de grandes choses. Prêchons ce message pour combattre l'insouciance chez nos membres. Jésus a mis l'éternité en nous. Vivons au ciel pendant que nous sommes sur la terre.

Questions

1. Quelle est la devise des grands leaders?
   Ils se croient immortels
2. Pourquoi?
   Parce qu'ils croient en un idéal, un but à atteindre.
3. Donnez dans l'Ancien Testament un exemple de grand leader.
   Moise
4. Pourquoi?
   Il n'avait pas craint d'affronter 250 leaders d'Israël
5. Que dire de David?
   Il n'avait pas craint le géant Goliath
6. Pourquoi?
   Il voit dans son adversaire une opportunité de glorifier Dieu
7. Pourquoi Jésus n'avait 'il pas peur de mourir?
   Il est la résurrection et la vie

Leçon 11 Le leadership de Jésus dans le domaine de la pensée

Texte pour la préparation : Ex.3 :14; Ps.139:2 Mt.12: 38-40; 13:55; 22:15, 23, 34,46; Mc.2:1-12; 6: 1-6; 16:7; Jn. 6:48; 8:12; 10:9; 10:11; 14:6;7:5, 45-46
Verset à lire en classe: Mc.2:1-12
Verset à réciter. Jésus, ayant aussitôt connu par son esprit ce qu'ils pensaient au-dedans d'eux, leur dit: « Pourquoi avez-vous de telles pensées dans vos cœurs?» Mc.2: 8
Méthodes: Discussion, comparaisons, questions
But: Présenter Jésus comme le leader qui sait tout.

Introduction
Peut-on vraiment dire que Jésus pense? N'est-ce pas une impropriété de terme?

I. Jésus est le Dieu omniscient.
1. Il est la pensée elle-même. Il sait tout.
   Dans ses relations avec les hommes, Il parle de manière à se faire comprendre.
2. Il manie les mots de manière à étonner ses auditeurs.
   «Jamais homme n'a parlé comme cet homme», ont déclaré les soldats envoyés pour l'arrêter. Jn.7: 45-46
   En l'entendant parler, ses auditeurs de Nazareth diront: «D'où lui viennent cette sagesse et ces miracles? N'est-il pas le fils du charpentier et de Marie?» Et il était pour eux tous une occasion de chute. Mt.13:55
3. Il manie la pensée de manière à confondre ses adversaires, à imposer silence à l'ennemi et aux vindicatifs.
   Mt.22:15, 23, 34,46
4. Il pénètre de loin la pensée de ses détracteurs. Ps.139:2
   Quand Jésus disait au paralytique «Tes péchés te sont pardonnés,» les scribes murmuraient en disant qu'il blasphème parce que Dieu seul peut pardonner les péchés. Jésus va prouver son omniscience en guérissant le

paralytique et en dévoilant les pensées des cœurs?» Mc.2: 5-12

5. Il cherche à s'épanouir loin des critiques négatives. Nul n'est prophète dans son pays, dit-il. Et depuis, il ne met plus les pieds dans la Galilée, si ce n'est qu'après sa résurrection où tous devaient être convaincus de son messianisme. Mc.6:1-6; 16:7
6. Il n'obéit pas à la pression des gens ou des événements. Quand ses frères voulurent le pousser à se rendre à la fête à Jérusalem, il leur dit que «son heure n'est pas encore venue». Jn.7:5
7. Il évite la bravade et l'ostentation. Quand on lui demande de faire des miracles, il leur rappelle le miracle de Jonas qui séjourna trois jours et trois nuits dans le ventre d'un monstre marin. Mt.12:38-40
8. Ses actes sont les expressions de lui-même, du «Je suis»
Il fait réfléchir les gens quand il s'approprie de l'identité de son Père dans l'expression « Je suis» d'Exode 3 verset 14. Christ sait qu'il est l'Eternel, la pensée elle-même, manifestée par ses services et par ses serviteurs. D'où les termes:
   a. Je suis le pain de vie. Jn.6:48
   b. Je suis la lumière du monde. Jn. 8:12
   c. Je suis la porte. Jn.10:9
   d. Je suis le bon berger. Jn.10:11
   e. Je suis le chemin, la vérité et la vie. Jn.14:6

En résumé, Le Père est « Je suis », Jésus est « Je suis ». Jésus est égal au Père. Il est donc vérifié ici dans les sciences mathématiques et théologiques que deux quantités égales à une même troisième sont égales entre elles.

Conclusion
Jésus n'a pas besoin de fibre optique ni de radar pour détecter vos pensées. Ne faites pas le malin comme Nathanaël. Il vous délogera de votre cachette. Jn.1 :48

Questions

1. Comment Jésus pense t'il?
   Il est la pensée elle-même
2. Comment? Il est omniscient
3. Donnez-en un exemple
   Il connait la pensée des cœurs
4. Pourquoi ne fit il pas beaucoup de miracles en Galilée?
   Parce que, dit-il, « Nul n'est prophète dans son pays. »
5. Comment s'identifie-t-il au Père?
   Il est le même «Je suis» de l'Ancien Testament
6. Comment réagit 'il devant les événements?
   Il agit d'après son heure.

Leçon 12 Le leadership de Jésus et celui du Père

Texte pour la préparation : Mich.5:1; Mt.28:20; Jn.1:14; 14:20; Ac.1:8; 2:41; 4:4
Verset à lire en classe : Mich.5:1-3
Verset à réciter. Et toi, Bethléem Ephrata, petite entre les milliers de Juda, de toi sortira pour moi celui qui dominera sur Israël, et dont les activités remontent aux temps anciens, aux jours d l'éternité. Mi.5:1
Méthodes: Discussion, comparaisons, questions
But: Montrer le leadership de Jésus comme Père quand il pousse au maximum la capacité de ses disciples.

Introduction
On l'appellera «Père Eternel» Et malgré tout, Il ne craint pas d'être dépassé. Comment définir sa paternité?

I. Voyons-le dans sa relation avec la créature.
Quoique ses jours remonte aux temps anciens, aux jours de l'éternité, il nous fait participer à son essence divine tandis qu'il participe à notre humanité. La Parole, essence divine s'est faite chair et elle a habité parmi nous et en nous.
Mich.5:1; Jn.1:14; 14:20.
1. Ainsi Il ne dira pas:
   Comme Soulouque, un président d'Haïti : «Après moi, c'est le déluge»
   Ou comme Louis XIV : «L'Etat, c'est moi».
2. Il dira plutôt
   a. «Je vous donne» ma paix,
   b. Je vous enverrai «un autre consolateur» pour continuer mon leadership. Jn.14 :16-18
   b. Vous ferez de plus grandes choses que celles-ci. Sous ce rapport, le fils dépassera le père. Donc il y a progrès.
   Jn.14 :12

Pour preuves:
1. 5000 âmes sont venues à la conversion à la prédication de Pierre, un traitre converti. Ac.2:41; 4:4
2. Paul, «un déchouqueur» converti atteindra des millions d'âmes par ses épitres.
3. Et que dire de la prédication orale par Rod Parsley, Tony Evens, Joel Jasmin, Amos Eugene, Mario Valcin, Fenel Vixamar, Gregory Toussaint, Phil Mercidieu?
4. Que dire du transport des idées par satellite et par les ondes ? (la radio, la télévision, l'internet, le Youtube). Peut-on énumérer les millions d'âmes sauvées grâce au moyen de ces media ? Jésus les avait prévus dans sa dernière volonté quand il dit: « L'Evangile sera proclamé jusqu'aux extrémités de la terre ». Mt.28:20; Ac.1:8
5. Jésus avait déjà prévu tous les moyens modernes de communication par mer, par terre et par avion.
6. A noter que les premiers savants pour mettre ces idées à exécution, étaient des chrétiens, qu'ils s'appellent Louis Pasteur le chimiste, Blaise Pascal le mathématicien, Michel Faraday le physicien, Johannes Kepler l'astrologue, René Descartes, le père de la philosophie moderne, Martin Luther le réformateur, Jean Rostand, le père de la cybernétique, tous étaient des chrétiens en qui Dieu avait mis l'esprit d'invention pour véhiculer la pensée à toute l'humanité.

Conclusion

Jésus restera le père de tous, le premier et le dernier en tout. Le Nouveau Testament restera le résumé le plus éloquent de son leadership. Malgré sa sobriété, sa Parole a une portée éternelle, inépuisable. Ecoutez-la.

Questions

1. Montrez le leadership de Jésus comme Père
   a. Il prévoit de nous envoyer un autre consolateur
   b. Il veut en tant qu'humain être dépassé par les apôtres.
2. Citez des prédicateurs de renom dans la période moderne.
   Rod Parsley, Tony Evens, Amos Eugene, Mario Valcin, Fenel Vixamar Joel Jasmin, Phil Mercidieu, Gregory Toussaint.
3. Qu'est ce qui contribue à la vulgarisation massive de l'Evangile ? La radio, la télévision, L'Internet
4. Citez au moins trois savants chrétiens que vous connaissez.
   Kepler, Descartes, Pascal
5. Qui est l'ancêtre de la cybernétique ?
   Jean Rostand.

Récapitulation des versets

Leçons

1. Le leadership de Jésus dans l'enseignement . Lu.6:40
«Le disciple n'est pas plus que le maitre; tout disciple accompli sera comme son maitre».

2. Le leadership de Jésus dans l'inspiration. Jn.4:35
«Voici, je vous le dis, levez les yeux et regardez les champs qui déjà blanchissent pour la moisson»

3. Le leadership de Jésus dans les relations humaines. Mt.12:7
Si vous saviez ce que signifie: Je prends plaisir à la miséricorde et non aux sacrifices, vous n'auriez pas condamné les innocents»

4. Le leadership de Jésus dans l'émancipation de l'homme. Mt.5:11-12a
Heureux serez-vous lorsqu'on vous outragera, qu'on vous persécutera et qu'on dira faussement de vous toute sorte de mal, à cause de moi. Réjouissez-vous et soyez dans l'allégresse parce que votre récompense sera grande dans les cieux.

Leçon 5 Jésus, le Libérateur Jn.8:36
Si donc le Fils vous affranchit, vous serez réellement libres.

Leçon 6 Jésus, le Maitre Jn.3:2
«Rabbi, nous savons que tu es un docteur venu de Dieu; car personne ne peut faire ces miracles que tu fais si Dieu n'est avec lui.»

Leçon 7 Jésus, l'Incompris Col.1:16
Il est l'image du Dieu invisible, le premier-né de toute la création.

Leçon 8 Jésus, l'Incompris (suite) Jn.8: 23
Et il leur dit: «Vous êtes d'en bas; moi, je suis d'en haut. Vous êtes de ce monde; moi, je ne suis pas de ce monde.»

Leçon 9   Jésus, le Divin Modèle   Jn.13: 14
«Si donc je vous ai lavé les pieds, moi le Seigneur et le Maitre, vous devez aussi vous lavez les pieds les uns aux autres.»

Leçon 10 Jésus, l'Immortel   Lu.18:32-33
Car il sera livré aux païens, on se moquera de lui, on l'outragera, on crachera sur lui, et, après l'avoir battu de verges, on le fera mourir; et le troisième jour il ressuscitera.

Leçon 11   Jésus, le Penseur   Mc.2: 8
Jésus, ayant aussitôt connu par son esprit ce qu'ils pensaient au-dedans d'eux, leur dit: «Pourquoi avez-vous de telles pensées dans vos cœurs?»

Leçon 12   Jésus, le Père Eternel   Mi.5:1
Et toi, Bethleem Ephrata, petite entre les milliers de Juda, de toi sortira pour moi celui qui dominera sur Israël, et les activités remontent aux temps anciens, aux jours de l'éternité.

Tome 8 - Série 4

L'Eglise, La Femme Aux Sept Mystères

Avant-propos

Dans son exil à l'île de Patmos, Jean reçut de Dieu des visions eschatologiques. Il devait les communiquer aux pasteurs des églises locales. Mais comment y parvenir sans compromettre ses correspondants et lui-même, si ces lettres étaient interceptées, lues et comprises par les sbires de l'Empire Romain ? Voilà pourquoi il employa des termes voilés qu'il faudra déchiffrer, d'où le nom du livre « Apocalypse ou Révélation ».

L'EGLISE, LA FEMME AUX SEPT MYSTERES est l'ouvrage qui met en question les sept Eglises de l'Apocalypse savoir, Ephèse, Smyrne, Pergame, Thyatire, Sardes, Philadelphie et Laodicée. Elles étaient établies physiquement en Asie Mineure, mais chacune présentait un trait spécial propre à caractériser un état particulier de l'Eglise à un moment donné. Aujourd'hui nous pouvons être Éphèse et demain Pergame suivant l'évaluation de Dieu lui-même.

Il nous faut retenir, tout au départ, qu'elles constituent dans leur ensemble, l'Epouse du Seigneur contre laquelle tout l'arsenal de l'enfer ne peut prévaloir. Soyez sûr d'être prêts pour entendre le signal qui sera donné et la voix de l'archange au moment de l'enlèvement de l'Eglise universelle dont chacun de nous est membre.

L'auteur

Leçon 1 - Premier mystère, Ephèse ou l'Eglise sans amour

Texte pour la préparation: Ac. Chap 19 et 20; Ep.2:11-13; 3: 8-10; 4:11-12; Ap.2:1-7
Texte à lire en classe: Ap.2:1-7
Verset à réciter: Souviens-toi donc d'où tu es tombé, repens toi, et pratique tes premières œuvres; sinon, je viendrai à toi, et j'ôterai ton chandelier de sa place, à moins que tu ne te repentes. **Ap.2:5**
Méthodes : Discussion, questions
But: Situer cette Eglise dans sa condition spirituelle à travers l'histoire.

Introduction
C'est la deuxième correspondance à l'Eglise d'Ephèse : la première de Paul, son ancien pasteur, aux environs de l'année 60 AD, la deuxième de Jean aux environs de l'année 95 A.D. Pour mieux comprendre la portée de ces lettres, il nous faut d'abord connaitre trois choses:

I. La première c'est l'Evolution dans l'Eglise locale.
De l'année 53 à 56, Paul était pasteur à Ephèse. Son influence grandissait par sa prédication intense appuyée par des miracles extraordinaires. Ac.19 :11-12
Il en résultait des conséquences heureuses et malheureuses.
1. Conséquences heureuses
   a. Des conversions massives étaient enregistrées. On y comptait même des magiciens qui renoncèrent à leurs pratiques et pour preuve, ils brulèrent publiquement leurs livres de magie.
   b. Il va sans dire que ce revirement affectait le commerce des bijoutiers qui imprimaient des médailles au nom de la déesse Diane, la patronne des Éphésiens dont le temple figure au nombre des sept merveilles du monde. Ac.19:10, 15-20

2. **Conséquences malencontreuses**
   a. Le syndicat des bijoutiers souleva toute la ville contre Paul. Ac.19:23-28
   b. Notre missionnaire était obligé de vider les lieux. Ac.20:1

III. La deuxième : c'est la condition spirituelle de l'Eglise
L'épitre de Paul aux Éphésiens s'adresse surtout aux nouveaux convertis pour comparer leur vie d'autrefois à celle d'aujourd'hui en Jésus-Christ. Ep.2:11-13
1. Hier, morts par leurs offenses, quand ils suivaient le train de ce monde, aujourd'hui, sauvés pour servir. Ep.2: 1, 8-10
2. Hier, éloignés de Dieu, illégaux, sans droit ni qualité, aujourd'hui rapprochés de Dieu par le sang de Jésus-Christ. Ep.2:13
3. Hier esclaves du péché, aujourd'hui couverts par le mystère de Dieu, l'Evangile, ce mystère caché que Satan ne pouvait découvrir à temps. En effet, il ne pouvait prévoir la victoire de Christ sur la croix du calvaire pour nous libérer de la mort et de la condamnation éternelles. Ep.3:8-10

III. La troisième : ce sont les avertissements de ses anciens pasteurs.
A dire vrai, l'Eglise d'Ephèse était bien structurée :
1. Elle avait des apôtres, des prophètes, des évangélistes, des pasteurs et des docteurs pour le perfectionnement des saints. Et pourtant, cette situation privilégiée ne pouvait garantir la paix dans l'Eglise. Ep.4:11-12.
2. Paul les exhortait à s'efforcer pour conserver l'unité de l'Esprit par le lien de la paix. Ep.4: 3
3. Ephèse n'a plus Paul ni Jean comme pasteurs mais des anciens. De faux bergers en profitaient pour ravager le troupeau. Dès lors, la chaleur spirituelle d'Éphèse a grandement diminué. Ac.20:29
4. Les services dans l'Eglise offraient peu d'attrait aux Éphésiens. L'apôtre Jean les mit en garde contre leur attitude négligente. Autrement, le Saint-Esprit va les

abandonner. C'est ce qui ressort du terme: «J'ôterai ton chandelier de sa place.» Ap.2:5 b

IV. Constatation
L'Eglise d'aujourd'hui peut être, dans une certaine mesure, une photocopie de l'Eglise d'Ephèse à son déclin, où les serviteurs consacrés sont devenus plus rares, favorisant ainsi une grande opportunité aux profiteurs, aux mercenaires, aux acteurs d'Eglise sans éthique et sans puissance.

Conclusion
Vous qui êtes spirituels, songez que cette lettre est pour vous une mise en garde.

Questions
1. Quand et par qui fut écrite la première lettre aux Éphésiens? En l'an 60 AD par l'apôtre Paul
2. Quand fut écrite la deuxième lettre aux Éphésiens ?   En l'an 95 AD par l'apôtre Jean
3. A qui Paul s'adressait'il dans cette épitre?
    Aux nouveaux convertis
4. Qui était la déesse des Éphésiens? Diane
5. Comment son temple fut-il considéré?
    Comme l'une des merveilles du monde
6. Qu'est-ce qui d'après Paul menaçait l'Eglise d'Ephèse? La division
7. Pendant combien de temps l'apôtre Paul l'avait' il desservie comme pasteur? Trois ans
8. Qui lui succéda à son départ? De faux pasteurs
9. Cochez la bonne réponse.
    Pour garantir l'unité dans l'Eglise il faut
    __ beaucoup de pasteurs
    __ beaucoup d'activités
    __ la paix par le Saint Esprit.
10.   Selon Jean, quelle menace pesait sur la tête de l'Eglise d'Éphèse ? Dieu va lui enlever la puissance du Saint Esprit.

Leçon 2 - Premier mystère, Ephèse ou l'Eglise sans amour (suite)

Texte pour la préparation: Ac.2:42-47; 3:6; 4:32; 1Co.4:9; 2Th.3:10-11; Ap.2:5-7
Texte à lire en classe: Ap.2:1-7
Verset à réciter: Mais ce que j'ai contre toi, c'est que tu as abandonné ton premier amour. Ap.2:4
Méthodes: Discussion, questions
But : Déplorer la déchéance dans la vie spirituelle de l'Eglise

Introduction
L'Eglise d'Ephèse symbolise l'Eglise du premier siècle apostolique. Elle avait une vie de persévérance intense :
I. Voici ce qu'elle faisait chaque jour
  1. Les chrétiens se réunissaient dans le temple pour l'étude biblique et la communion fraternelle.
  2. Ils participaient à la sainte cène.
  3. Ils mangeaient ensemble dans le temple. Ac. 2:46
  4. Ils participaient aux services de jeûne et de prière Ac.2 :42-47
  5. Ils organisaient un service de louange au Seigneur. Ac.2 :47
  Alors leur foi augmentait en voyant les miracles et les prodiges de Dieu accomplis par les apôtres. En résumé, elle avait les caractéristiques d'une Eglise sanctifiée, édifiée, dévouée pour servir le Seigneur.

II. **Et comme résultats** :
  1. Chaque jour aussi, ils enregistraient des conversions. V.47
  2. Les chrétiens partageaient volontairement leurs biens entre eux au point qu'on n'y comptait aucun indigent. Ac.4 :32
  3. Ils remplissaient Jérusalem de leur enseignement. Ac.5 :38
  4. Les persécutions enflammaient leur hardiesse pour mieux prêcher l'Evangile. Ac.5:40-41; Phil.1:14

D'où venait cette attitude?
Ils croyaient à un retour momentané du Seigneur. Certains chrétiens de Thessalonique ont même renoncé à travailler dans l'attente de ce retour. 2Thes.3:10-11

III. Reproches du Seigneur
L'Eglise a abandonné son premier amour. On vient à l'Eglise pour remplir une simple formalité mais pas avec le même zèle. C'est ce que le Seigneur leur reproche comme étant la doctrine des Nicolaïtes. Ce sont des chrétiens de nom ; ils vivent dans la licence. 2Thess.3 :11. Voici ce qu'on constate:

1. A l'Eglise : on y vient en retard, quand on veut et comme on veut sans se gêner pour autant.
2. Jésus n'est plus leur priorité. On témoigne plus de respect à son patron qu'au Seigneur Jésus. On trouve tous les prétextes pour abandonner l'Église, même pour des querelles sans valeur.
3. Les services de réveil sont désormais une occasion de collecter de l'argent. Les mots repentance, confession, restitution, pardon et loyauté, ne sont plus à la mode.
4. Les services de mariage ne sont plus des services d'adoration. On veut en finir au plus tôt pour déployer un festival de modes décolletées à la faveur des danses purement mondaines.
5. On fait très peu de confiance aux dirigeants. On les discrédite même sans aucune gêne. On contribue bien si on est l'ami du pasteur et si on n'est pas blâmé pour sa faute.
6. L'Eglise devient une maison d'affaires et de publicité pour la vente des CD et des DVD. Ils sont rares les musiciens qui attendre la clôture du service pour partir.
7. Des dirigeants recherchent la popularité. Ils ont peur d'être comptés parmi les derniers des hommes. 1Co.4 :9
8. La valeur est dans la connaissance intellectuelle du dirigeant et dans le nombre important de contribuables.

9. Le temps de dire «Je n'ai ni argent ni or» n'est plus, non plus le temps de dire «lève-toi et marche». Ac.3 :6
10. Ceux qui luttent pour maintenir le vrai esprit apostolique sont moqués.

L'Eglise a abandonné son premier amour, et partant Jésus, son premier amant. Si vous êtes de ces gens-là, écoutez l'exhortation du Seigneur :
Repentez-vous et reprenez vos activités avec un nouveau zèle. Ap.2 :5
Séparez-vous des Nicolaïtes, c'est-à-dire des chrétiens de nom. Ap.2 :6 Si vous arrivez à gagner ces deux victoires, vous aurez droit à la vie éternelle dans le paradis de Dieu. Ap.2:7

Conclusion
Marché conclus, frères?

Questions

1. Quelles étaient les caractéristiques de l'Eglise du premier siècle?
   Elle était sanctifiée, édifiée et dévouée pour servir le maitre.
2. Qu'est ce qui était à l' origine de la persécution dans cette Eglise?
   La prédication et l'Etude de la Bible
3. Pourquoi les chrétiens partageaient-ils leurs biens entre les frères? Ils croyaient au retour immédiat du Seigneur.
4. Comment décrire l'abandon du premier amour?
   a. On n'a plus le même zèle pour servir Dieu.
   b. On contribue à peine.
   c. On s'associe aux chrétiens de nom pour jeter du trouble dans l'Eglise, pour discréditer les dirigeants
   d. L'Eglise devient un lieu de commerce, de publicité, une caverne de médisants et de voleurs.

Leçon 3 - Deuxième mystère, Smyrne ou l'Eglise persécutée

Texte pour la préparation: Ac.5:41; 2Co.12:10; Ro.8:17; 1Ti.2:11; Ap.2:10
Texte à lire en classe: Ap.2:8-11
Verset à réciter: Sois fidèle jusqu'à la mort, et je te donnerai la couronne de vie. Ap.2:10b
Méthodes: Discussion, questions
But : Rappeler les mots d'encouragement du Seigneur pour fortifier son Eglise persécutée.

Introduction
Smyrne, mot qui signifie souffrance, est le symbole des chrétiens sous la persécution du gouvernement. Comment vont' ils y résister?

I. **Période de Smyrne.**
Symboliquement, elle représente l'Eglise du premier au quatrième siècle sous les empereurs romains. Elle est, à côté de l'Eglise de Philadelphie, la seule à être exempte de reproche pour sa conduite: Smyrne à cause de ses souffrances, Philadelphie à cause de sa pauvreté.
Quel amant fidèle et tendre nous avons en Jésus-Christ, toujours prêt à nous comprendre quand nous sommes en souci!...

II. **Raisons de cette lettre**
1. L'Empereur romain Dioclétien voulut se proclamer dieu et imposer une seule religion dans l'empire à l'exclusion de toutes les autres. Il croyait aussi que la présence des chrétiens dans l'administration et surtout dans l'armée, serait une menace pour l'Etat car ils n'obéiraient pas aux décisions injustes et criminelles. Voilà le début de leur persécution. Ils étaient pourchassés, tués et eurent leurs biens et leurs livres saints confisqués, leurs temples brulés et leurs leaders religieux emprisonnés et tués. La peine de mort est appliquée contre tous ceux qui refusaient de

sacrifier aux dieux. Tous les produits alimentaires en vente au marché étaient aspergés de l'eau ou du vin consacrés pour le service des dieux, afin d'obliger les chrétiens à participer en quelque manière au culte idolâtre malgré eux. Cette période de tribulation a duré 10 ans de l'an 303 à 313, soit dix jours prophétiques comme l'avait prédit le Seigneur. Ap.2:10

2. En l'an 313, Constantin le successeur de Dioclétien, est devenu chrétien après qu'il eut vu en songe, le 28 octobre 312, une croix dans le ciel avec cette mention latine «In hoc signo vinci» en grec "ἐν τούτοι ῳ νίκα", en toutoi nika» (Par ce signe tu vaincras). En l'an 313, il publia l'Edit de Milan appelé aussi Edit de tolérance par lequel tous peuvent adorer Dieu selon leur conscience et que nul n'est obligé d'adorer l'Empereur. Fin des persécutions.

III. L'Eglise de Smyrne dans le troisième millénaire.

Vous êtes membre de l'Eglise de Smyrne:

1. Si vous souffrez de persécutions, d'accusations injustes sans vouloir vous défendre.
2. Si vous souffrez d'abus dans l'Eglise ou des agents du gouvernement à cause de votre foi.

Heureux serez-vous, lorsqu'on vous outragera, qu'on vous persécutera et qu'on dira faussement de vous toute sorte de mal, à cause de moi». Mathieu 5:11 Rappelez-vous des apôtres qui se retirèrent de devant le sanhédrin, joyeux d'avoir été jugés dignes de subir des outrages pour le nom de Jésus. Actes 5:41

3. A cause de son espérance chrétienne, Paul dira: «C'est pourquoi je me plais dans les faiblesses, dans les outrages, dans les calamités, dans les persécutions, dans les détresses, pour Christ; car, quand je suis faible, c'est alors que je suis fort». 2 Corinthiens 12:10

Cette parole est certaine : «Si nous sommes morts avec lui, nous vivrons aussi avec lui; si nous persévérons, nous régnerons aussi avec lui. 1Timothée 2:11
Or, si nous sommes enfants, nous sommes aussi héritiers: héritiers de Dieu, et cohéritiers de Christ, si toutefois nous souffrons avec lui, afin d'être glorifiés avec lui».
Romains 8:17

Conclusion
Après la croix vient la couronne. Gardez la foi! Ap. 2:10

Questions

1. Que veut dire Smyrne? Souffrance
2. Qui la gouvernait? L'Empereur romain Dioclétien
3. Quelle était la volonté de l'Empereur? Se faire adorer comme dieu.
4. Que fit-il aux chrétiens? Il les persécutait, livrait leurs biens au pillage, brûlait leurs bibles et les tue.
5. Combien de temps dura la persécution? Dix ans
6. Qui était le successeur de Dioclétien? L'Empereur Constantin.
7. Quel était son Edit favorable aux chrétiens?
   L'Edit de Milan ou l'Edit de tolérance.
8. Comment arrive-t-il à soulager la misère des chrétiens?
    A partir de sa conversion au Christianisme.
9. Comment ? Par le signe de la croix vu en songe.
10. Quelle est la leçon pour nous les chrétiens d'aujourd'hui?
    Si nous souffrons avec Christ sur la terre nous règnerons avec lui dans les cieux.

Leçon 4 - Troisième mystère, Pergame ou l'Église décadente

Texte pour la préparation: No. 25:1-2; Jn.12:31; Ja.4:4; 1Co.15:33; 2Co.6:14-16; Hé.4:12; 1Pi.2:11; Ap.2:13-16
Texte à lire en classe: Ap.2:12-17
Verset à réciter: Repens-toi donc; sinon, je viendrai à toi bientôt, et je les combattrai avec l'épée de ma bouche. Ap.2:16
Méthodes: Discussion, questions
But: Une exhortation à la sanctification

Introduction
Pergame qui veut dire «légalement mariée», est l'Eglise dans son évolution entre le quatrième et le cinquième siècle. L'Eglise n'est plus persécutée. Au contraire, elle fut en faveur auprès du pouvoir civil. Elle a fait alliance avec le monde. Depuis lors, elle perdit sa vivacité spirituelle. Pourquoi donc cette lettre à Pergame?

I. **Dieu veut lui signifier sa décadence.**
   1. Pour avoir pratiqué la doctrine de Balaam.
      a. L'Eglise est alliée à l'Etat. Souvenez-vous que le bocor Balaam incitait Israël à s'unir par mariage aux Moabites, adorateurs du dieu Kemosh. No.25:1-2; Ap.2:14
      b. De même, par son alliance avec l'Etat, l'Eglise commet un adultère spirituel et se rend automatiquement ennemi de Dieu. Ja.4 :4
      b. C'est la même chose pour le chrétien marié à un incroyant. 2Co.6:14-16
      a. Satan ne persécute pas quand il peut corrompre. Car les persécutions de Satan poussent l'âme vers Dieu, tandis que ses corruptions séductrices éloignent graduellement l'âme de Dieu.
   2. Pour avoir oublié sa condition de pèlerins et de voyageurs sur la terre. 1Pi.2:11
      L'Eglise devrait s'abstenir des convoitises charnelles qui font la guerre à l'âme et vivre selon la volonté de Dieu.

3. Par sa complaisance à demeurer là où est le Trône de Satan". C'était le nom pour l'Acropole ou Temple du dieu Zeus (le dieu Jupiter pour les romains) Ap.2:13. Le point à retenir est que, tout comme Lot qui avait choisi d'habiter à Sodome, Pergame a accepté d'habiter là où est le trône de Satan sans être gênée par cette honteuse cohabitation. Jn.12:31; Ap.2:13
4. Par la relation avec les partisans des Nicolaïtes. Les Nicolaïtes sont le symbole de chrétiens artificiels qui vivent dans la superstition et l'immoralité. La Bible nous défend de les avoir pour amis, car les mauvaises compagnies corrompent les bonnes mœurs.1Co.5:9-13; 15:33; Ap.2:16

II. Dieu l'avertit d'un éventuel châtiment

L'église de Pergame connaît la vérité concernant le jugement. Si l'Église n'a plus de puissance pour réfuter les faux docteurs et les méchants, le Seigneur peut agir directement pour ôter le mal et maintenir l'honneur de son nom. Ce jugement sera exécuté par l'épée de sa bouche, la Parole, l'épée à deux tranchants. Ces faux docteurs seront démasqués et condamnés par la Parole de Dieu. Hé.4:12

III. Dieu l'encourage par une bonne promesse.

1. Il lui donnera la manne cachée, c'est-à-dire des bénédictions viables, la vie éternelle. Ap.2:17
2. Un caillou blanc. Quant au caillou blanc, il tient lieu de médaille d'honneur pour les vainqueurs.
3. Un nom nouveau. Il est de tradition qu'au mariage la femme porte le nom de son mari. Au ciel, nous serons couronnés par Christ le divin époux et nous porterons son nom pour toujours.

Conclusion

Soyez intègre et attendez la bonne surprise dans le nom nouveau que Dieu vous réserve.

Questions

1. Que représente ici le «Trône de Satan ?» Le temple du dieu Zeus (Jupiter pour les romains)
2. Que représente le caillou blanc?
   La médaille d'honneur du croyant
3. Que représente la manne cachée?
   La vie éternelle
4. Qu'est-ce qui affaiblit le pouvoir de l'Église ? Son alliance avec l'État
5. Que veut dire Pergame? Entièrement mariée
6. Quel était son péché? Un adultère spirituel
7. Quelle était la figure de cette alliance dans l'Ancien Testament? Le mariage des enfants d'Israël avec les Moabites.
8. Quelle est la figure de cette alliance dans le Nouveau Testament ?
   Le mariage du chrétien avec un incroyant.

Leçon 5 - Quatrième mystère, Thyatire ou l'Église polluée

Texte pour la préparation: 1R. 18:19, 39-40; Mt.6:6-7; 1Co.9:5; 1Ti.2:2-5; 1Pi.5:1,4
Texte à lire en classe: Ap.2:18-29
Verset à réciter : Mais ce que j'ai contre toi, c'est que tu laisses la femme Jézabel, qui se dit prophétesse, enseigner et séduire mes serviteurs, pour qu'ils se livrent à l'impudicité et qu'ils mangent des viandes sacrifiées aux idoles. Ap.2: 20
Méthodes: Discussion, questions
But: Reprocher l'apostasie de l'Eglise

Introduction
Symboliquement, l'Eglise de Thyatire couvre la période du Moyen Age allant du sixième au quinzième siècle. C'est l'époque la plus noire dans l'histoire de l'Eglise. Elle n'a pas produit d'écrivains notoires ni de figures religieuses remarquables. Comment l'identifier dans le contexte eschatologique ?

I. **Elle symbolise l'Eglise Catholique Romaine dans son alliance avec l'Etat.**
   Les païens étaient catholicisés et non christianisés. Ils sont gagnés par la force et non par l'évangélisation. Et pour les garder sous l'ombre de la religion, elle adoptait une forme de sécularisation. Le Pape détenait le pouvoir civil et le pouvoir religieux. On parle du Saint Siège, de l'Etat du Vatican.

II. **Les démarches de l'Eglise Catholique.**
   Elle multipliait graduellement les rites et les cérémonies pour attirer les païens, pour augmenter sa popularité et ses recettes. Ainsi, elle n'a fait que polluer le Christianisme.
   Nous vous communiquons une liste de pratiques et de dogmes qu'elle inventa avec les dates de leurs adoptions officielles.

1.	La hiérarchie	3eme siècle
2.	Le célibat des prêtres	année 1074
3.	La prière pour les morts	5eme siècle
4.	Le culte des saints et des anges	année 609
5.	Le culte de la Vierge	année 431
6.	Le latin dans le culte	7eme siècle
7.	La canonisation des saints :	année 1000
8.	Le canon de la messe	année 1100
9.	Les sept sacrements	année 1160
10.	L'Ave Maria	12eme siècle
11.	La tradition égale la Bible	année 1564
12.	Le culte des reliques	année 787
13.	Le culte des images	année 787
14.	L'usage du chapelet	12eme siècle
15.	L'eau bénite	4eme siècle
16.	L'abstinence des viandes	5eme siècle
17.	La papauté	année 606
18.	Le confessionnal	année 1215
19.	Le purgatoire	année 1439
20.	L'immaculée conception	année 1854
21.	L'infaillibilité du pape	année 1870
22.	L'Assomption de Marie	année 1954

Nous en prenons seulement trois au hasard pour en parler. Quant aux détails sur ces pratiques et ces dogmes, consultez le LIVRE DU MAITRE #4.

1. **Hiérarchie.** Pierre, que l'Eglise Catholique a revendiqué comme son premier pape, n'a jamais voulu d'une hiérarchie. Il se dit un ancien comme les autres, appelé, non pas à dominer sur les fidèles mais à être le «modèle du troupeau». 1Pi.5:1,4

2. **Le célibat des prêtres** adopté en 1074, n'a aucune base biblique. Pierre et les autres apôtres avaient leur femme. 1Co.9:5 D'ailleurs, la recommandation était faite aux évêques de se marier, de bien diriger leur foyer pour savoir comment bien diriger l'Eglise de Dieu. 1Ti.3:2-5
Jusqu'en l'année 1074, les prêtres et les papes étaient mariés. Ils avaient leurs enfants. Vous savez tous comment cette restriction des papes dits infaillibles, a fait de tort au clergé Catholique avec le scandale des prêtres immoraux.

3. **L'Ave Maria** ou le «Je vous salue Marie», est la litanie exécutée mécaniquement au moyen d'un chapelet ou rosaire. Elle fut rendue officielle au 12ème siècle. Jésus interdit ces vaines redites très communes chez les païens. Mt.6:6-7
Par la paganisation de son culte; par la recherche du succès au moyen de la violence, la corruption et la persuasion, l'Eglise Catholique devint la Jézabel numéro 2 que Jésus condamne parce que le pape se déclare infaillible et met sa parole au niveau de celle de Dieu. Il se dit vice-Dieu, le représentant de Dieu sur la terre.
Pour votre édification, Jézabel était cette princesse sidonienne qui nationalisait le culte païen et forçait son mari, le roi Achab et les enfants d'Israël à l'idolâtrie. En effet, elle employa 400 bocors d'Astarté et Achab son mari en avait 450 de Baal tous payés par la caisse de l'Etat. Et pourtant, tous mis ensemble, n'avaient pas le pouvoir du prophète Elie, pour faire descendre le feu du ciel. 1Ro.18:19,39-40

Conclusion
Êtes-vous affilié au temple de Jézabel ou à l'Eglise de Jésus-Christ?

Questions

1. Que représente Jézabel dans la leçon?
   L'Eglise apostate
2. Comment Jésus considère t-il l'expression: «Je vous salue Marie?» Comme une litanie
3. Que fait l'Eglise Catholique pour s'attirer les païens ? Elle adopte leurs pratiques
4. Quel verset dans la Bible condamne le célibat des prêtres et des évêques? 1Corinthiens.9:5; 1Timothée.3:2
5. Pierre était il pape?
   Non. Il était un ancien comme les autres
6. Que représente Thyatire dans l'histoire?
   L'Eglise Catholique au Moyen Age dans son alliance avec l'Etat
7. Pourquoi l'appelle-t-on la Jézabel Numéro 2?
   A cause de la paganisation de l'Evangile, de la violence et de la corruption.

Leçon 6 - Quatrième mystère, Thyatire ou l'Eglise polluée (suite)

Texte pour la préparation: 1R.21:1-23 ; Lu.22:30; Jn.16:1-5 ; 1Co.6:2; Ap.2: 21-28
Texte à lire en classe: Jn.16:1-5
Verset à réciter: Ils vous excluront des synagogues; et même l'heure vient où quiconque vous fera mourir croira rendre un culte à Dieu. Jn.16:2
Méthodes: Discussion, questions
But: Reprocher l'impérialisme religieux prôné par l'Eglise Catholique romaine.

Introduction
Une Eglise Sainte, Catholique, Apostolique et romaine et maintenant persécutrice? Peut-on y croire? L'histoire de l'Eglise pourra en témoigner.

I. Oppressions
De l'année 1095 à 1270, l'Église Catholique organisait huit croisades dont le but principal était de délivrer Jérusalem des mains des musulmans et de protéger la tombe du Seigneur appelée «le Saint Sépulcre». Le pape a pu établir des églises et des monastères dans toute la Palestine et asseoir ainsi les bases de sa puissance. Quelle était sa tactique ? C'était d'abord:

II. L'inquisition
Ce tribunal religieux était institué par l'Eglise Catholique pour rechercher et punir tous ceux-là qui niaient au pape le pouvoir de pardonner les péchés, qui ne croyaient pas à la messe, aux traditions de l'Église. Ceux-là étaient les protestants que l'Eglise Catholique appelait hérétiques. Ils étaient persécutés, jugés, torturés, brulés, tués et leurs biens étaient pillés.

III. **L'idolâtrie 1R21 :21-7-10**
Elle commençait avec la mariolâtrie ou vénération de Marie et continuait avec les saints qu'on vénère pour leurs vertus. Les titres « Etoile du matin, Salut des infirmes» pour Jésus sont maintenant attribués à Marie. Exalter Marie au dépens du nom de Jésus, «c'est ici l'œuvre de Jézabel qui force son mari Achab à détruire Naboth pour s'accaparer de ses biens. Ap.2 :.20-23

IV. **Le massacre de la Saint-Barthélémy**
Catherine de Médicis soudoya son fils, le roi Charles IX pour organiser une fête de réconciliation entre Catholiques et Protestants au jour de la fête patronale de Saint-Barthélemy. Des milliers de protestants furent égorgés en cette nuit du 24 Aout 1572.
Tous ces actes semblent confirmer l'identité de l'Eglise de Thyatire. La longue période de 1000 ans du Moyen Age constituait le temps que le Seigneur lui avait accordé pour se repentir, mais elle préférait se vautrer dans la débauche.
Ap. 2:21

V. **Châtiment de Thyatire.**
Voici, dit le Seigneur, je vais le jeter sur un lit et envoyer une grande tribulation à ceux qui commettent l'adultère avec elle... Je frapperai de mort ses enfants ; et toutes les Eglises connaitront que je suis celui qui sonde les cœurs et les reins, et je rendrai à chacun de vous selon ses œuvres. Ap. 2: 22-23
Cette prophétie est accomplie à la lettre, dans les années 2002 à 2005 de notre ère quand des prêtres, à travers le monde, ont perpétré la pédophilie sur 11,000 jeunes et enfants de 11 à 17 ans. Cette avalanche d'immoralité a couté $2,6 billions au Saint Siège en dédommagement aux victimes.
Quel scandale! Quelle punition! Quelle chute!

VI. Récompenses aux chrétiens fidèles.

Les réfractaires aux décisions arbitraires de la papauté et de ses pratiques sont bien les chrétiens protestants, persécutés pour la justice. Jésus leur dit: Ce que vous avez, retenez-le jusqu'à ce que je vienne. Ap.2: 25

Et voici leurs récompenses:
1. Ils auront autorité sur les nations. Lu.22:30. 1Co.6:2
2. Ils auront une prime spéciale: l'Etoile brillante du matin, Jésus, la vie éternelle. Ap.2: 28

Conclusion
Fortifiez-vous par cette sainte motivation. Le Seigneur est fidèle à sa promesse.

Questions

1. Quand eurent lieu les croisades?
   De 1095 à 1270
2. Combien furent-elles lancées? Huit
3. Dans quel but? Pour protéger le Saint Sépulcre de l'invasion des musulmans et des barbares. Pour monopoliser les lieux saints de la Palestine.
4. Que fit l'Eglise Catholique pour persécuter les chrétiens?
   Elle organisa l'Inquisition, la Sainte Barthélémy
5. Qu'est ce que l'Inquisition
   C'était la persécution contre les rebelles à l'autorité du pape et à ses pratiques.
6. Qui étaient-ils ? Les protestants qu'ils appellent hérétiques
7. Qu'est ce que la Saint-Barthélémy?
   C'était le massacre des protestants à la faveur de la fête patronale de Saint-Barthélémy le 24 Aout 1572
10. Qui orchestra cette persécution sanglante? Le roi Charles IX sous l'instigation de sa mère, la reine Catherine de Médicis.

Leçon 7 - Cinquième mystère, Sardes ou L'Eglise morte

Texte pour la préparation: Ps.122:1; Ro.2:24; Ep.6:18; Ti.1:16; Ap.3: 1-6
Texte à lire en classe: Ap. 3:1-6
Verset à réciter: Si tu ne veilles pas, je viendrai comme un voleur, et tu ne sauras pas à quelle heure je viendrai te surprendre. Ap.3: 3b
Méthodes: Discussion, questions
But: Exhorter les chrétiens à la vigilance

Introduction
Pour l'histoire, Sardes était cette ville de la Turquie bâtie sur les rives de Pactole, une rivière aurifère. Celle-ci constituait la richesse du pays et surtout de Crésus, son dernier roi. Sardes était gardée par une citadelle réputée imprenable, au point que ses habitants négligeaient toute surveillance. Ainsi en 546 B.C tandis que les gens se croyaient en sureté, Cyrus le roi de Perse l'envahit. Le même incident est survenu en l'an 214 B.C quand elle fut prise par Antiochus III de Syrie. Au lieu de se mettre sur leur garde, les gens se complaisaient dans leur richesse en vivant dans la débauche.

I. **Situation de l'Eglise**
   1. **Physiquement isolée**. La ville de Sardes n'avait qu'une Eglise et elle était située à trois jours de marche de la ville de Smyrne. Ici, la division ne marcherait pas pour les fauteurs de trouble.
   2. **Spirituellement détériorée**. Les chrétiens de Sardes étaient superficiels. Ils venaient à l'Église par habitude mais non par l'envie de dire avec le psalmiste: «Je suis dans la joie quand on me dit «Allons à la maison de l'Eternel.» Ps.122:1
   3. **Totalement mondanisée**. Ils prenaient les choses du monde très au sérieux et les services dans l'Eglise à la légère. A Sardes, il n'y avait aucune différence entre les

chrétiens et les non-chrétiens. Il n'était pas étonnant que cette Eglise ne fût pas persécutée.
4. **Le témoignage chrétien totalement effacé.** Ils n'avaient pas un témoignage vivant à rendre pour Christ devant le monde. Car ils ont souillé leurs vêtements spirituels. Ap.3:4. Le nom de Dieu est blasphémé devant les païens à cause de leur inconduite. Ro.2:24
   a. Par contre, le Seigneur leur fera ce reproche: «Je n'ai pas trouvé tes œuvres parfaites.» Ap.3: 2
   b. De même que la ville de Sardes avait connu à deux fois, une ruine soudaine, Dieu avertit l'église de Sardes de sa ruine spirituelle si elle ne veille pas. Ap.3:3 Car Ils font profession de connaitre Dieu, mais ils le renient par leurs œuvres étant abominables, rebelles et incapables d'aucune bonne œuvre. Ti.1:16

II. Un avertissement solennel

Soyez vigilant et ravivez le petit groupe de chrétiens en danger de mort spirituelle. Car le Seigneur promet de venir sans donner un avertissement. Veillez et priez pour ne pas tomber dans la tentation. Mc.14:38 Faites en tout temps par l'Esprit toutes sortes de prières et de supplications. Veillez à cela avec une entière persévérance. Ep.6:18

III. Les chrétiens distingués

Cependant certains chrétiens font la différence. Ils demeurent fidèles au Seigneur, malgré tout.
1. Le Seigneur les félicite et promet de leur donner le vêtement blanc de la vie éternelle. Ap.3: 4
2. Leur nom sera pas effacé du livre de vie. Ap. 3: 5
   Un terme sonore : «Que celui qui a des oreilles entende ce que l'Esprit dit aux Eglises! »
   A nous les lecteurs de cette lettre, le Seigneur nous invite à méditer sur ce message et à nous poser ces questions:
   Bien que je me dise chrétien, Christ vit-il en moi?

a. Combien de CD et de DVD mondains, des posters pornos encombrent' ils ma chambre, ma vie et ma conscience au point de ne pas y avoir de place pour la Parole de Dieu?
b. Est-ce que le monde, l'argent, le sport, le sexe et la magie dominent ma vie?
c. Mon cœur est-il dépouillé de la haine, de la rancune, du mensonge, de tout esprit impur ?
d. Si le Seigneur arrive dans les prochaines minutes, suis-je prêt à le rencontrer ?
e. Serai-je fier de mes œuvres devant le tribunal de Dieu?

Conclusion
A bon entendeur, salut!

Questions
1. Situez la ville de Sardes
   En Turquie, à trois jours de marche de Smyrne
2. Dates de ses destructions successives. 546 BC et 214 BC
3. Qu'est ce qui faisait sa richesse?
   L'or de la rivière Pactole.
4. Qu'est-ce qui causait sa ruine?
   L'insouciance de ses habitants.
5. Quel reproche lui a fait le Seigneur?
   Je n'ai pas trouvé tes œuvres parfaites.
6. Quel était l'avertissement du Seigneur à l'Eglise de Sardes?
   Il viendra comme un voleur pour les surprendre dans leurs mauvaises conditions spirituelles
7. Quelle exhortation a-t-il fait aux chrétiens fidèles? De veiller et de prier
8. Aux chrétiens de nom? De se repentir
9. Qu'est ce qui rendait impuissante l'Eglise de Sardes? Sa vie mondaine à cause de sa richesse.

Discussion: Comparez l'Eglise de Sardes à l'Eglise d'aujourd'hui

Leçon 8 - Sixième mystère, Philadelphie ou L'Eglise vigilante

Texte pour la préparation: Ap.3:7-13
Texte à lire en classe: Ap.3:7-13
Verset à réciter: Je viens bientôt. Retiens ce que tu as afin que personne ne prenne ta couronne. Ap.3:11
Méthodes: Discussion, questions
But: Offrir aux chrétiens une Eglise modèle

Introduction
Une marque de distinction pour cette Eglise. Elle était à coté de Smyrne, la seule à ne pas entendre de Dieu un « mais » de réprobation. En vérité, je voudrais entendre parler de cette Eglise.

I. Historiquement
Philadelphie était une ville de la province romaine d'Asie, située à 45 km au Sud-Est de Sardes. Son nom vient de deux mots grecs: philos (amour) et adelphos (frère). D'où Philadelphie «l'amour fraternel». Elle possédait de nombreux temples, où se déroulaient des fêtes religieuses et ses habitants étaient connus pour leur fidélité malgré les oppositions de la part des Juifs. Ap. 3:8-9

II. Symboliquement
1. Elle représente l'Eglise de Jésus-Christ délivrée au forceps des entrailles d'une Eglise Catholique corrompue par son mariage avec le paganisme et l'Etat.
2. Sa période de travail commençait depuis le 12ème siècle avec Pierre Valdo, ce riche marchand de Lyon qui vendait tous ses biens pour les donner aux pauvres et aller ensuite prêcher l'Evangile. Elle prend son ampleur au cours de la période des missions modernes du dix-neuvième siècle avec les William Carey aux Indes, David Livingstone en Afrique du Sud, Hudson Taylor en Chine, Adoniram Judson en Burmanie, Jean Paton, Jean Jeudi, John Williams en Polynésie. C'était la porte ouverte par le Seigneur et que

nul ne pouvait fermer. Ap.3:8. Et comme résultats, des milliers d'âmes, à travers le monde se sont données au Seigneur.
La porte devient grandement ouverte :
a. Avec la découverte de l'imprimerie en 1450 par l'allemand Gutenberg, qui a permis l'impression et la vulgarisation de la Bible
b. La Réformation avec Martin Luther en 1517,
c. Les réveils religieux avec John Wesley et son frère Charles Wesley, ceux de Charles Finney, Dwight Moody et Oral Roberts, constituent « la porte ouverte » par celui qui tient la clé de David, Jésus-Christ.
d. Elle restera ainsi et personne ne pourra la fermer car un seul en tient la clé, c'est Jésus, le fils du roi David. Ap.3: 7

III. Spirituellement
1. Cette Eglise est félicitée pour sa constance devant l'Eglise Catholique apostate et dominatrice par son culte idolâtre. Jésus déclare qu'il aime les chrétiens de Philadelphie.
2. L'Eglise universelle est exposée aux tentations avec les faux-frères, les vierges folles dans l'Eglise qui veulent s'imposer par leur ancienneté, leur savoir, leur avoir ou leur pouvoir au mépris de la Sainte Parole de Dieu. Jésus prouvera son amour pour Philadelphie par un mot d'amour et de félicitation : «Je t'aime» Ap.3:8 Et comment vous la présenter?
   a. L'Eglise de Philadelphie» une Eglise gardienne de la foi et de la sainte doctrine.
   b. Une Eglise vigilante en dehors de tout compromis avec les tenues mondaines, les musiques mondaines, les associations et les clubs mondains.
   c. Une Eglise sensible au ministère d'exhortation sans discrimination.

    d. Une Eglise où l'amour fraternel est manifeste par le support aux indigents, par les prières en faveurs des saints, une Eglise où l'on prie, où l'on jeûne et étudie la Bible, une église missionnaire.
    e. Cette Eglise aura le mérite de recevoir les compliments du Seigneur.

Conclusion : De quelle Eglise êtes-vous membres ?

Questions

1. Que veut dire «Philadelphie»? L'amour fraternel
2. Que signifie ici la «porte ouverte»?
Les opportunités pour prêcher l'Evangile
3. Citez les pionniers des missions modernes et leurs champs d'action.   William Carey aux Indes, David Livingstone en Afrique du Sud, Adoniram Judson en Burmanie, Hudson Taylor en Chine.
4. Qui a découvert l'imprimerie et en quelle année ? L'allemand Gutenberg en 1450.
5. Quelle était la première œuvre tirée de cette imprimerie ? La Bible.
6. Citez quatre traits spirituels qui rappellent l'Eglise de Philadelphie.
Une Eglise de prière, de jeûne, d'étude de la Bible et d'amour pour les frères.

Leçon 9 - Septième mystère, Laodicée ou L'Eglise apostate

Texte pour la préparation: Mt.5:8; Ro.13:13-14; Ap.3:7-19
Texte à lire en classe: Ap.3:14-19
Verset à réciter: Ainsi, parce que tu es tiède, et que tu n'es ni froid ni bouillant, je te vomirai de ma bouche. Ap.3:16
Méthodes: Discussion, questions
But: Secouer l'Eglise dans son indifférence

Introduction
Avec Laodicée, nous atteignons le dernier épisode de l'histoire des Eglises. Il appartient à vous maintenant d'en choisir une. Elle sera déterminée certainement selon votre condition spirituelle et votre intérêt dans le retour de Jésus-Christ.

I. **Histoire de la ville de Laodicée.**
   1. **Son nom**. Capitale de la Phrygie en Asie Mineure, elle fut fondée en 250 av. J.C. par Antiochus II qui l'appela ainsi en l'honneur de son épouse, Laodice. Sa position géographique entre les ports de la mer Égée et la Grande Mer Méditerranée, avait fait d'elle un monopole commercial contrôlé en majorité par les juifs.
   2. **Ses habitants**: des Syriens et de Juifs anciennement déportés à Babylone.
   3. **Ses ressources**: La laine noire et brillante utilisée pour fabriquer des tapis et des vêtements de grand prix, l'agriculture et un fort cheptel de moutons.

II. **La condition spirituelle de l'Eglise**
Son opulence matérielle déforme sa vision spirituelle. Jean lui reproche sa tiédeur ou mieux son indifférence : allusion aux sources d'eaux tièdes en terrasses qui alimentaient la ville. Les conseils du Christ à cette église sont en parallèle avec les activités de la ville.

1. Il lui est conseillé d'acheter du Seigneur de l'or éprouvé par le feu (*allusion à la richesse de Dieu supérieure à celle du monde*),
2. des vêtements blancs (*allusion aux célèbres vêtements de laine noire d'une race de moutons élevés dans ces parages. Le vêtement blanc de Christ est supérieur*)
3. un collyre pour oindre ses yeux (*allusion à la "poudre phrygienne", utilisée à cette époque pour soigner les yeux et qui a pu être fabriquée dans cette ville*). Allons aux symboles :
   a. L'or symbolise la vie incorruptible
   b. Les vêtements blancs sont le manteau la justice de Dieu que le croyant porte dès la conversion.
   c. Le collyre c'est la Sainte Parole pour donner du discernement. Mt.5:8; Ro.13:13-14; Ap.3:18

Avertissement
«Franchement, je ne peux tolérer ton indifférence. A la fin, je te vomirai de ma bouche. Commence par te débarrasser de tes bataclans matériels qui t'éloignent des valeurs spirituelles. Je te parle ainsi parce que je t'aime. Ap.3:19 Dépêche-toi. Je t'attends pour souper avec moi dans le ciel." Ap.3:20

Conclusion
Si vous venez à l'Eglise seulement le dimanche sous prétexte des pressions de la vie chère, vous êtes membre de l'Eglise de Laodicée. Veuillez à ce que votre manque de persévérance ne soit pas un prétexte pour vivre dans le luxe et la mondanité.

Questions

1. Où est située la ville de Laodicée?
   En Asie Mineure
2. Pourquoi dit-on qu'elle avait une position privilégiée?
3. Elle était située entre deux ports ouverts au commerce: la mer Egée et la grande mer Méditerranée.
4. D'où lui vient ce nom? Du roi Antiochus II en l'honneur de son épouse Laodice.
5. Quelles étaient ses ressources? La laine noire, l'agriculture et le cheptel de moutons
6. Qui les monopolisait? Les Syriens et les Juifs.
7. Quelles étaient les causes de leur froideur à l'Evangile? Les richesses matérielles les rendaient aveugles.
8. Que leur conseillait le Seigneur?
   a. D'acheter de lui de l'or pur inoxydable.
   b. Un onguent pour oindre leurs yeux afin de mieux voir.
   c. Des vêtements blancs, de la grâce et de la vie éternelle pour leur âme au lieu de la laine noire pour vêtir leur chair.
9. A quelle Eglise peut-on la comparer de nos jours? Une Eglise charnelle.

REFORMATION

Leçon 10 - La conviction chrétienne, une citadelle imprenable

Texte pour la préparation: Mt.4:4;15:9; 18:20; 28:20; Jn.7:37-39; Ro.3:14; Ep.2:8-10; Col.2:10; Ph.2:9; 2Ti.3:16-17; 1Jn.1:7
Texte à lire en classe: Hé.11:32-40
Verset à réciter: Si j'annonce l'Evangile, ce n'est pas pour moi un sujet de gloire, car la nécessité m'en est imposé, et malheur à moi si je n'annonce pas l'Evangile. 1Co.9:16
Méthodes: Histoire, questions
But: Supporter tous ceux-là qui prônent un changement positif pour le bien de l'œuvre.

Introduction
Avant d'introduire Martin Luther, le ténor de la Réformation, il convient de signaler certains précurseurs remarquables par leur conviction chrétienne. Nous nous arrêtons aujourd'hui sur John Wyclif.

I. John Wyclif.
Il était ce théologien anglais qui a vécu de l'année 1320 à 1384. C'était dans le temps où le pape Innocent III venait de se proclamer vicaire de Dieu ou vice-Dieu sur la terre. Deux grands ordres de moines mendiants venaient de se former, les dominicains et les franciscains. Wyclif s'élevaient contre eux parce qu'ils s'efforçaient d'accaparer les richesses du pays en dépouillant riches et pauvres par de fraudes pieuses.

II. Ses contestations
1. Il ne pouvait admettre que chaque année, Saint François descende du ciel pour délivrer des âmes du purgatoire. Evidemment pour obtenir une si grande faveur, il fallait payer. La Bible déclare qu'il est réservé aux hommes de mourir une seule fois, après quoi vient le jugement. Hé.9:27   Le purgatoire est une invention de l'Eglise

Catholique dès l'année 1439 pour collecter de l'argent. La Bible dit que le sang de Jésus-Christ nous purifie, nous purge gratuitement de tout péché. Ro.3:24; 1Jn.1:7

2. Il ne pouvait admettre qu'une autorité ecclésiastique soit mise à la tête de l'Eglise de Jésus-Christ avec un pouvoir de décision universelle. Jésus est notre pape universel qui sera avec nous tous les jours pour dominer sur les âmes et sur Satan le Diable jusqu'à la fin du monde. Mt.28:20

Voilà qui l'amène à certaines conclusions que nous allons soutenir, Bible à l'appui: L'autorité des Saintes Ecritures, qui sont la loi de Christ, surpasse infiniment celle de toute autre Ecriture. 2Ti.3:16-17

a. L'Ecriture est la règle de la vérité, et doit être la règle de la réforme. Il faut rejeter toute doctrine et tout précepte qui ne reposent pas sur cette base. Mt.15:9
b. Croire que l'homme peut quelque chose dans l'œuvre de la régénération est la grande hérésie de Rome, et de cette erreur est venue la ruine de l'Eglise. Ep.2:8-10
c. La conversion procède de la grâce de Dieu seul. Le système qui l'attribue en partie à l'homme et en partie à Dieu est pire que celui de Pélage. Il n'est pas question de «Aide-toi et le ciel t'aidera» dans le plan du salut car Jésus avait dit: «Tout est accompli.» Jn.19:30
d. Christ est tout dans le Christianisme; quiconque abandonne cette source toujours prête à communiquer la vie et se tourne vers les eaux troubles et croupissantes, est un insensé. Jn.7:37-39
e. La foi est un don de Dieu; elle exclut tout mérite, et doit bannir de l'âme toute crainte. Ep.2:8
f. La seule chose nécessaire dans la vie chrétienne et dans la cène, n'est pas un vain formalisme et des rites superstitieux, mais la communion avec Christ selon la puissance de la vie spirituelle. Col.2:10
g. Le peuple chrétien doit se soumettre non à la parole d'un prêtre, mais à la parole de Dieu. Mt.4:4

h. La vraie Eglise est l'Assemblée des justes, pour lesquels Christ a répandu son sang. Mt.18:20
i. Tant que le Christ est dans le ciel, l'Eglise a en lui le meilleur pape. Il est possible qu'un pape soit condamné au dernier jour pour ses péchés. Ph.2:9

Conclusion
Voilà la position théologique de Jean Wyclif. Il l'a soutenu jusqu'à sa mort le 29 Décembre 1384 quand il succomba dans la chapelle de Lutterworth devant l'autel, au milieu de ses paroissiens. Il a salué de loin Martin Luther, l'homme d'Eisleben et vous donne à tous rendez-vous au pied du Seigneur dans la gloire éternelle. Maintenez votre conviction chrétienne. Jésus vient!

Questions

1. Qui était John Wyclif? Un théologien anglais
2. Que blâmait-il dans le pape Innocent III?
   L'audace d'avoir revendiqué le titre de vice-Dieu
3. Citez deux grands ordres de moines mendiants
   Les dominicains et les franciscains
4. Quel était leur rôle principal?
   Enrichir leurs ordres par de pieux mensonges.
5. D'où vient le purgatoire?
   Il n'existe pas. C'est une fausse doctrine inventée par l'Eglise Catholique pour collecter de l'argent.
6. Comment comprenait-il l'autorité du pape?
   Pour lui, la seule autorité pontificale universelle c'est Jésus.
7. Quelle était l'erreur de Pélage? Il niait le péché d'Adam et la grâce de Dieu pour sauver l'homme. Il croit dans les bonnes œuvres pour le salut.

FETE DE LA BIBLE

Leçon 11 - Deux Attitudes Envers La Parole

Textes pour la préparation: Mat. 28:19-29; Mc.15: 16; Ac.10:28; 11:2-3; 16:16-40; 17: 1-15; 21:28-30; 2Ti.3:15 a 4:1-5; 1Jn 2:18
Texte à lire en classe: Ac.17: 5-12
Verset à réciter: Car ces Juifs avaient des sentiments plus nobles que ceux de Thessalonique. Ils reçurent la parole avec beaucoup d'empressement et ils examinaient chaque jour les Ecritures pour voir si ce qu'on leur disait était exact. Ac.17: 11
Méthodes: Histoire, comparaisons, questions.
 But: Montrer le résultat de la Parole dans les cœurs selon la façon dont elle est reçue.

Introduction
La Parole est comme toute nourriture. Son effet dans l'âme dépend de la façon dont nous la digérons dans notre vie spirituelle. A ce point, nous venons avec deux exemples

I. Hostilité des juifs de Thessalonique
 Ils contestaient les messages de Paul et de Silas
 Raisons de leur agissement. Explications :
1. Depuis 22 jours Paul prêchait chez les Thessaloniciens. Ac.17:2 Entre temps la nouvelle devait leur parvenir que Paul avait chassé un esprit de Python dans une femme dans la ville de Philippe. Or cette femme, possédée des mauvais esprits, était une source gain pour ses maitres. La présence de Paul et de Silas à Thessalonique était une menace à leur commerce illicite et une attaque à leurs traditions.
2. La conversion des païens aussi les révoltait.
 Ac.10:28; 11:2-3; 21:28-30.
 Il faut qu'on se débarrasse à tout prix de ces révolutionnaires. Ac. 16:21

Résultats:
  a. Ils soulevèrent des hommes méchants contre eux. Ac.17:5
  b. Ils les traduisirent en justice comme fauteurs de trouble. V.6
  c. Un certain Jason qui les avait hébergés, fut arrêté et devait payer une caution pour sa mise en liberté provisoire. D'autre frères sympathiques à cette cause, devaient connaitre le même sort. Ac.19 : 6,9
  d. Les juifs de Thessalonique auront plus tard à laisser leur ville pour aller nuire aux apôtres dans la ville Bérée. Ac.17:13

II. Attitude positive des judéo-chrétiens de Bérée
  1. Ceux-là au contraire, reçurent la Parole avec beaucoup d'intérêt. Ac.17 :11
  2. Ils l'examinaient chaque jour. Ps.1 :1-2
  3. Ils faisaient des recherches bibliques pour en vérifier l'exactitude. Ac.17 :.11

Résultats:
  a. Beaucoup de conversions parmi le peuple. V12
  b. Beaucoup de conversions parmi les hommes et des femmes grecques intellectuelles.

III. Attitude envers la Parole dans nos Eglises au 21ème siècle
  1. Beaucoup redoutent la Parole qui blesse et guérit. Ils viennent à l'Eglise pour entendre des messages. Ils sont rares à l'Ecole du Dimanche et à l'Etude biblique.
  2. L'église accentue plus les chants que la prière.
     Jésus n'avait jamais dit «Allez partout le monde chanter l'Evangile». La dernière volonté du Maitre, était celle-ci : Allez, enseignez. Allez et prêchez. Mt.28 :19-20 ; Mc.16 :15

IV. Conséquences désastreuses:
  1. Le monde envahit l'église aujourd'hui avec tout ce qui hier, révoltait les apôtres de Jésus Christ.

2. L'exhortation est considérée comme une accusation ou une ingérence.
3. L'invitation à participer à un travail dans l'église est une humiliation.
4. L'invitation à changer de siège est une provocation.
5. Les danses mondaines sont une publicité pour le groupe.
6. L'église est devenue un arbre chargé de feuilles avec peu de fruits.
7. Le pasteur est à la défensive, et n'a plus le même enthousiasme.
8. Nos apôtres dorment profondément. Ils ne veillent plus et pourtant nous sommes à la dernière heure. 1Jean 2:18

Conclusion
Prenez la Parole au sérieux. Quand vous parlerez à Dieu (prier) il prendra aussi votre parole (prière) au sérieux.

Questions

1. Comment s'appelaient les missionnaires qui allèrent prêcher à Philippe? Paul et Silas
2. Quel événement eut lieu en cet endroit?
   Ils furent battus et jetés en prison pour avoir délivré une femme possédée d'un démon.
3. Qu'arriva-t-il à Thessalonique?
   Les païens se soulevèrent contre les apôtres
4. Qui hébergea les apôtres ? Jason
5. Quel fut son sort? Il fut traduit en justice et devait payer une caution
6. Qui reçut la Parole avec empressement ? Les Béréens
7. Quel en furent les résultats ? Beaucoup de conversions parmi les simples et les intellectuels.
8. Quelle est la situation dans l'église aujourd'hui ?
   L'évangile agit avec peu de puissance ?
9. Pourquoi ?
   Les chrétiens chantent l'évangile beaucoup plus qu'ils ne le prêchent.
10. Qui blâmer? Personne.
11. Que faire? Que l'on reçoive l'enseignement en vue de le propager.

Leçon 12 - Les vertus de Joseph et de Marie

Textes pour la préparation: Mt.1:20-21; 13:55; Mc.6:3; Lu.1:34, 47; 2:1-5, 48-49;12:8; Jn.19:25; Ac.1:14
Verset à lire en classe: Mt. 1: 18-25
Verset à réciter: Marie dit: «Je suis la servante du Seigneur; qu'il me soit fait selon ta parole! Et l'ange la quitta. Lu.1:37
Méthodes: Histoire, comparaisons, questions
But: Présenter la crainte de Dieu comme la base de toutes les vertus.

Introduction
Certaines figures d'homme appartiennent seulement à leur époque. Leurs vertus les classent parmi les héros. Joseph et Marie étaient de cette catégorie.

I. Preuves des vertus de Joseph
1. Il respecte de la volonté de Dieu
   a. Un ange vient lui annoncer que sa femme portera un bébé qui ne sera pas le sien. Il accepte de ne pas divorcer. Mt.1: 20-21
   b. Il honore ses devoirs civiques: Il se rendit à Bethléem pour le recensement décrété par l'empereur malgré l'état de grossesse de Marie et les risques de l'enfantement en chemin. Lu.2: 1-5
   c. Il respecte ses limites de père nourricier de Jésus-Christ et de père légitime des autres enfants de Marie sans se croire pour autant le beau-père de Jésus dont Dieu est le père. Mat.13:55
   d. Lorsque d'après lui, Jésus était égaré dans la foule après leur sortie de Jérusalem, il n'a fait aucun argument à son fils quand celui-ci lui déclare «qu'il est venu s'occuper des affaires de son père.» Lu.2: 48-49
   e. Il respecte son devoir de père responsable pour montrer à Jésus le métier de charpentier. Mc.6:3

    f. Après le chapitre treize de l'Evangile selon Mathieu, nous n'entendons plus parler de Joseph.

II. Les vertus de Marie

1. Elle aussi manifeste du respect pour la volonté de Dieu sans faire de caprice.
   a. Marie s'est respectée comme jeune fille. Elle ne s'était jamais donnée à personne. Lu.1:34
   b. Elle respecte la volonté de Dieu. Elle n'a pas avorté de son enfant. Lu.2:7
   c. Elle s'estime heureuse d'avoir été choisie pour être la mère de Jésus, son Seigneur et Sauveur. Lu.1:47
   d. Elle suit Joseph sans se plaindre malgré les risques d'accouchement en route vers Bethléem, leur ville natale. Lu.2: 4-5
   e. Elle a accepté humblement d'accoucher son enfant dans une étable sans faire d'exigence à son mari. Lu.2 :7
   f. La présentation au temple était faite dans la plus grande simplicité. Il n'y avait pas de fête sinon l'offrande obligatoire versée selon les rites vétéro-testamentaires. Elle était comptée parmi les plus humbles. Lu.12:8
   g. Elle enregistre en silence tous les commentaires sur son enfant. Lu.2:51
   h. Elle a éduqué son enfant d'après les exigences de la vie religieuse des Juifs. Lu. 2: 41-42
   i. Elle accompagnait son fils jusqu'au pied du calvaire. Jn.19:25
   j. Elle fait corps aux disciples après la mort du Sauveur. Act.1:14

Conclusion

Les vertus de Marie et de Joseph éclatent au milieu des souffrances et des frustrations. Pour des privilégiés de Dieu, qui l'aurait cru?

Questions

1. Montrez dans la leçon comment Joseph agissait comme un bon père de famille.
   a. Il donnait à Jésus une commission de 30 pour cent sur chaque vente.
   b. Il l'amena fidèlement à l'Eglise
   c. Il lui apprit un métier manuel.
   d. Il le laisse pour son compte
2. Montrez comment Joseph était un homme de bien
   a. Il va à la radio pour se justifier de son épouse enceinte pour un étranger
   b. Il va trouver les parents de Marie pour les reprocher
   c. Il proposa de rompre secrètement avec elle.
3. Trouvez la bonne réponse:
   a. Marie chercha à avorter l'enfant
   b. Marie va se plaindre à ses condisciples.
   c. Marie s'estime heureuse d'être la mère du Seigneur et de pouvoir l'accepter comme Sauveur personnel.
4. Trouvez la vraie réponse:
   Pour présenter Jésus au temple
   a. Marie et Joseph lui ont affiché un parrain et d'une marraine.
   b. Ils ont présenté l'offrande prescrite par la loi de Moise.
   c. Ils ont organisé un piquenique de famille pour contenter les invités.

Récapitulation des versets

Leçon 1
Souviens-toi donc d'où tu es tombé, repens-toi, et pratique tes premières œuvres ; sinon, je viendrai à toi, et j'ôterai ton chandelier de sa place, à moins que tu ne te repentes. Ap.2:5

Leçon 2
Mais ce que j'ai contre toi, c'est que tu as abandonné ton premier amour. Ap.2:4

Leçon 3
Sois fidèle jusqu'à la mort, et je te donnerai la couronne de vie. Ap.2:10b

Leçon 4
Repens-toi donc ; sinon je viendrai à toi bientôt, et je les combattrai avec l'épée de ma bouche. Ap.2:16

Leçon 5
Mais ce que j'ai contre toi, c'est que tu laisses la femme Jézabel, qui se dit prophétesse, enseigner et séduire mes serviteurs, pour qu'ils se livrent à l'impudicité et qu'ils mangent des viandes sacrifiées aux idoles. Ap.2: 20

Leçon 6
Ils vous excluront des synagogues ; et même l'heure vient où quiconque vous fera mourir croira rendre un culte à Dieu. Jn.16:2

Leçon 7
Si tu ne veilles pas, je viendrai comme un voleur, et tu ne sauras pas à quelle heure je viendrai te surprendre. Ap.3:3b

Leçon 8
Je viens bientôt. Retiens ce que tu as afin que personne ne prenne ta couronne. Ap.3:11

Leçon 9
Ainsi, parce que tu es tiède, et que tu n'es ni froid ni bouillant, je te vomirai de ma bouche. Ap.3:16

Leçon 10
Si j'annonce l'Evangile, ce n'est pas pour moi un sujet de gloire, car la nécessité m'en est imposé, et malheur à moi si je n'annonce pas l'Evangile. 1Co.9:16

Leçon 11
Anne pria et dit : mon cœur se réjouit en l'Eternel, ma force a été relevée par l'Eternel; ma bouche s'est ouverte contre mes ennemis, car je me réjouis de ton secours. 1S.2:1

Leçon 12
Car ces Juifs avaient des sentiments plus nobles que ceux de Thessalonique. Ils reçurent la parole avec beaucoup d'empressement et ils examinaient chaque jour les Ecritures pour voir si ce qu'on leur disait était exact. Ac.17: 11

Table des matières

SERIE 1 LES BEATITUDES 2

Avant-propos 5

Leçon 1 Heureux les pauvres en esprit 6

Leçon 2 Heureux les affligés 9

Leçon 3 Heureux les débonnaires 12

Leçon 4 Heureux ceux qui ont faim et soif de la justice 15

Leçon 5 Heureux les miséricordieux 18

Leçon 6 Heureux ceux qui ont le cœur pur 21

Leçon 7 Heureux ceux qui procurent la paix 24

Leçon 8 Heureux les persécutés pour la justice 27

Leçon 9 Heureux les outragés 31

Leçon 10 S'ils se taisent les pierres crieront 35

Leçon 11 Le mystère du tombeau vide 38

Leçon 12 Le doute de Thomas 40

Récapitulation des versets 44

Série 2 Les secrets d'Esther 46

Avant-propos 47

Leçon 1 Esther et sa beauté cachée 48

Leçon 2 Esther et ses pensées cachées 51

Leçon 3 Esther et le contrôle caché du roi 54

Leçon 4 Esther et son éducation cachée 57

Leçon 5 Esther et sa vie spirituelle cachée 60

Leçon 6 Esther et sa connaissance juridique cachée 63

Leçon 7 La vraie beauté d'Esther révélée 66

Leçon 8 La victoire d'Esther dévoilée 70

Leçon 9 La fidélité de Dieu dévoilée 73

Leçon 10 Comment maitriser un mari 76

Leçon 11 La femme recherchée 79

Leçon 12 La femme, l'épouse et la mère 82

Récapitulation des versets 86

Série 3 Jésus et son leadership 88

Avant-propos 89

Leçon 1 Le leadership de Jésus dans l'enseignement 90

Leçon 2 Le leadership de Jésus dans l'inspiration 93

Leçon 3 Le leadership de Jésus dans les relations humaines 96

Leçon 4 Le leadership de Jésus dans la
réhabilitation de l'homme 100

Leçon 5 Le leadership de Jésus dans l'émancipation 103

Leçon 6 Le leadership de Jésus comme Maitre 106

Leçon 7 Le leadership de Jésus face à l'incompréhension 108

Leçon 8 Le leadership de Jésus face à
l'incompréhension (suite) 111

Leçon 9 Le leadership de Jésus comme le Divin Modèle 114

Leçon 10 Le leadership de Jésus dans le concept
de l'immortalité 116

Leçon 11 Le leadership de Jésus dans le domaine de la pensée ... 119

Leçon 12 Le leadership de Jésus et celui du Père 122

Récapitulation des versets 125

Série 4 L'Eglise, La Femme Aux Sept Mystères 127

Avant-propos 128

Leçon 1 - Premier mystère, Ephèse ou l'Eglise sans amour 129

Leçon 2 - Premier mystère, Ephèse ou l'Eglise
sans amour (suite) 132

Leçon 3 - Deuxième mystère, Smyrne ou l'Eglise persécutée 135

Leçon 4 - Troisième mystère, Pergame ou l'Église décadente 138

Leçon 5 - Quatrième mystère, Thyatire ou l'Église polluée 141

Leçon 6 - Quatrième mystère, Thyatire ou l'Eglise
polluée (suite) 145

Leçon 7 - Cinquième mystère, Sardes ou L'Eglise morte 148

Leçon 8 - Sixième mystère, Philadelphie ou L'Eglise vigilante 151

Leçon 9 - Septième mystère, Laodicée ou L'Eglise apostate 154

Leçon 10 - La conviction chrétienne, une citadelle imprenable 157

Leçon 11 - Deux Attitudes Envers La Parole.................................. 161

Leçon 12 - Les vertus de Joseph et de Marie 165

Récapitulation des versets 168

Rev. Renaut Pierre-Louis

Esquisse Biographique

Pasteur de l'Eglise Baptiste à Saint Raphael,	1969
Diplômé du Séminaire théologique Baptiste d'Haïti,	1970
Diplômé de l'Ecole de Commerce Julien Craan,	1972
Professeur de langues vivantes au Collège Pratique du Nord au Cap-Haitien,	1972
Pasteur de la Première Eglise Baptiste au Cap-Haitien,	1972
Pasteur de l'Eglise Baptiste Redford, Cité Sainte Philomène,	1976
Diplômé de l'Ecole de Droit du Cap-Haitien,	1979
Fondateur du Collège Redford et de l'Ecole Professionnelle ESVOTEC,	1980
Pasteur de l'Eglise Baptiste Emmaüs à Fort Lauderdale	1994
Pasteur de l'Eglise Baptiste Péniel à Fort Lauderdale	1996

Pasteur militant pendant quarante-six ans, avocat, poète, écrivain, dramaturge, ce serviteur du Seigneur vous revient aujourd'hui avec "La Torche Transcendante", un ouvrage didactique de haute portée théologique qui a déjà révolutionné le système d'enseignement dans nos Écoles Du Dimanche, et dans la présentation du message de l'Evangile.

"La Torche Transcendante" vous est aussi présentée en livret trimestriel sans nous écarter de notre promesse de vous enrichir avec douze volumes empreints de variété et de profondeur. Pasteurs de recherche, prédicateurs de réveil, moniteurs de carrière, chrétiens éveillés, prenez "La Torche" et passez-la. 2 Tim. 2:2

www.ingramcontent.com/pod-product-compliance
Lightning Source LLC
Chambersburg PA
CBHW071623080526
44588CB00010B/1252